月6万円から始められる
年利8%のホテル投資のコツ

# フィリピン不動産投資術

町田健登

ビジネス教育出版社

# まえがき：買って放置でＯＫ！　安定と高利回りを両立できる海外投資とは？

海外投資と聞くと、どのようなイメージを持つでしょうか？

「利回りが高いが、騙されてしまうのではないか？」と思う方もいるかもしれません。

確かに、そのような側面もあるのも事実です。しかし、しっかりと物件を精査すれば、高利回りで中長期的に稼げる海外投資というものは存在します。本書では、様々な角度から優良な海外投資について、具体的な根拠を説明したいと思います。

ここで、日本の現状を考えてみましょう。私は、２０２２年は大きな分かれ目の年だったと捉えています。ご存じの通り少子化が加速して、死亡者数が出生数を上回り、日本の人口はどんどん減少しています。驚くべきことに、昨年は、鳥取県民（約55万人）と同じ人口が減少しているのです。つまり、経済面から考えると、物を買う人の数が減り、マーケットが縮小しています。

そうなると、当然、国民一人あたりにかかる税金の負担額は増えます。日本はこの30年間まったく年収は上がっていません。２０２２年の平均年収では、隣国の韓国よりも低いという結果になっています。さらに、年金を受け取るまでの期間はどんどん延長され、65歳にならないと受け取れません。今後、さらに人口減少が進んだら、増税することは明らかです。このような状況ですから、特に経済面では「自分の身は自分で守る」という意識が大切になってくるでしょう。

巷では、ＮＩＳＡやｉＤｅＣｏが話題になり、日本株に投資する人もいます。しかし、当然ですが、日本株も上がったり下がったりを繰り返しています。また、「安全な不動産投資なら大丈夫」と言う人もいます。しかし、日本では人口減少のため、不動産を購入しても空室率も高く、想定利回りを得られていない不動産オーナーが多いのが現状です。

そして、２０２２年12月20日、日銀は長期金利を上げる方針を出しました。その後、長期金利は現在据え置きの方針が発表されますが、もし更に金利が上昇したら、不動産ローンの返済金が増え、より生活が苦しくなる方も出てくることが想定されます。残念ながら、日本の課題は山積みです。人口減少、変動金利の問題、日本円の暴落、国内不動産の価格下落、増えない年収、物価上昇など…、はっきり言って現状維持ならば、明るい未来になるとは言えません。

一方、アジアに目を向けると日本とは真逆のマーケットがあります。日本に向かい風が吹いているとすれば、アジアには四方八方から追い風が吹いていると言えるのです。例えば、アジアの不動産について考えてみましょう。まず、アジアは人口がどんどん増えているため、借り手が増えれば、空室が下がり、価格が上がります。日本から地理的に近いので、何かあった時にも現地に行けるという点も、アジア不動産のメリットです。そして、外貨を獲得できる点も追い風材料の一つです。今後、日本円の価値が下がったとしても、外貨で賃貸料を受け取れるため、円安の影響をダイレクトに受けにくいからです。

では、アジアの国ならどこでもいいのでしょうか？ やはり、人口の母数が多い国を選ぶべきです。アジアで人口1億人を超えている国は、インド、中国、インドネシア、バングラディッシュ、パキスタン、日本、フィリピンの7カ国です。日本と中国は、少子高齢化が進んでいるので、その時点でおすすめしません。インドネシアも人口が多いですが、すでに頭打ちなので除外します。パキスタンは政情が不安であり、バングラデシュはまだまだ一人あたりGDPが低く、早すぎるエリアです。残るは、インドとフィリピンです。人口としては、インドは今後も増えると予想されています。ただ、ヒンズー教の階級社会が今でも根強く残っており、不確定要素が多い点が懸念材料です。

上記のデータを踏まえて総合的に判断すると、やはりフィリピン不動産しか選択肢はないと考えています。フィリピンは、場所として日本からの距離が近いのもメリットです。そして、公用語は英語であるため、英語公文書で発行されます。人口面でも、フィリピンは現在の1億人から、２０９２年まで増え続けると言われています。さらに、国民の平均年齢は26歳と若い人が多いのも魅力です。現地通貨フィリピンペソも、途上国と思えぬほど日本円に対して安定しています。

コロナ前の５年間では、不動産価格は2倍に上がり、家賃も毎年じわじわ上昇しました。フィリピン不動産は、基本的に居住用不動産、オフィス、ホテルの選択肢がありますが、その中でもホテルがベストです。なぜなら、利回りが高く、管理不要だからです。居住用不動産とオフィスの場合、空室になったら入居者をオーナー自ら募集しなければなりません。オフィス、居住用不動産の客付けは、苦戦すると利回りが低下します。「借主がいるか／いないか」、「ゼロか１００か」の結果になり非常にストレスを抱えます。一方、ホテルの場合は、ホテル運営会社が宿泊客を集めてくれるため、オーナー側で客付けする必要がありません。また、プロフィットシェアの物件を購入すれば、ホテル全体の稼働率に応じて家賃をもらえるため、自身の部屋が空室か稼働しているか関係なく、毎月配当を得られます。客付け管理に悩まされる心配すら不要です。そして、順調に稼働すれば利回り８％と高い状態をキープできるため、安定的な利益が得られるのです。

本書では、この管理不要で高利回りを実現できるフィリピン不動産について、その魅力を伝えていきます。ぜひ、ワクワクしながら読んでいただけたら嬉しいです。

## 「フィリピンホテル投資」が貧しさのどん底から救ってくれた

私は町田《まちだ》健登《けんと》と申します。少ない資金からできる継続率97％のフィリピン株投資スクールを運営しています。今まで１０００人以上の人に、投資、お金、人生の大切なエッセンスをお伝えしてきました。現職のファイナンシャルプランナーとしての活動の他、大妻女子大学大妻マネジメントアカデミーでの大学生向けの金融教育や、在日フィリピン商工会議所の理事に就任し日系企業のフィリピンへの進出をサポートさせていただいています。

前著『社畜会社員から資産1億つくった僕がフィリピンの株を推すこれだけの理由』（ぱる出版）では、多くの方の反響を頂きました。しかし、ここに至るまでの人生は、決して順風満帆ではありませんでした。

私は、前著でも書きましたが、社会人２年目で結婚し、子供を授かりました。しかし、当時収入が低く、働けども働けども手取りが増えません。そこで、生活コストを節約するため、思い切ってフィリピンに移住しました。しかし、最初に勤めた企業はブラック企業。会社の人事評価も低く、「いつ首を切られるか？」ビクビクしながらも、収入の柱は会社からの給料1つだけ。そうなると、妻と子どもを養うためには、会社にすがるしかありません。

せめて、精神的ストレスの少ない職場へ転職したい、そのためにも収入の柱を少しでも増やそうと株式投資をしたものの、上昇・下落を繰り返す株価と資産をみて、慣れるまでは毎日一喜一憂する日々が続きました。

その中でも、私は直感的にも不動産が安定した資産だと感じていました。不動産は、「安定的に家賃が入る年金代わりの収入になる」と書籍や仲良くなった個人投資家さんたちから学んでいたからです。最初は日本の不動産投資を考えましたが、海外在住の私は日本で不動産ローンが引けず、日本の不動産を諦めざるを得ませんでした。それならせめて、目の前で開発の進むフィリピン不動産を検討しましたが、２０１４年ごろのフィリピン不動産は情報が乏しく、心配事が絶えません。また、不動産を所有しても、投資の結果がわかるのが10年後だと思い、正直不安でした。下手をすると負債になる危険性もあり、居住用不動産を購入しても、客付けできる自信がなく、恐れていたのです。

当時の私は、今のブラック企業を辞めて、転職して安定収入が欲しいと考えていました。

そして、ついに私は、必死に安定的に収益の出せる不動産を探して出会ったのです。それが、本書で紹介するフィリピンの財閥系企業が運営するホテル投資です。財閥系企業が経営するため、倒産リスクが極めて低いです。そして、家具付きだから内装工事等で水増し請求の心配もありません。客付けはホテル側でやってくれるため、必ず収入が入る。「これだ！」と私は確信し、なけなしの頭金を払い、ホテルの区分所有を購入したのです。

　購入後、ホテルの販売価格が、分割払いの間にどんどん上がっていきました。購入価格から上昇し、すでにキャピタルゲインが出始めたのです。当時の私の手取り年収は３６０万円でしたが、１０００万円で購入したホテルが、半年後に１１２０万円になり、含み益が１２０万円。それから1年半後、１３２０万円まで価格上昇しました。家賃収入はまだ入っていませんでしたが、1年半で資産価値が３２０万円も増えたのです。つまり、今売ったら３２０万円儲かる計算です。ただ、毎月の分割支払いが月5万円あり、ホテル5件を同時購入していたため、月25万円の支払いが発生していました。手取りに対してギリギリまで不動産を購入するというリスクを負いましたが、このおかげで資産増加に拍車がかかりました。

　この時点で、３２０万円の利益が出るため、私はホテル3件を売って９６０万円の現金を手に入れました。その後も残りのホテル2件は所有し続けました。年利８％で2件あるため、年間１００万円ずつで合計２００万円の利益が得られました。勢いに乗った私は、30歳で会社の給料以外で、しかも不動産の家賃だけで年間400万円の利益を出すことに成功したのです。

これは、私だけでなく日本にいながらでも実現可能な方法です。利回り8％想定の1000万円前後のホテル物件を建設する前のプレセールで購入します。そして、頭金100万円で、購入し、毎月5～8万円の分割金を36カ月（物件によっては最大60回等分割も可能）にわたり払っていきます。物件にもよりますが、3～4年目前後に残金700万円等を支払うと不動産を購入できるイメージです。そして、物件竣工後、1件につき年100万円程度（物件価格が1000万円の場合）の収益が出ることもあります。物件を5年以内に売却すると、税金の関係で利益が減少してしまいます。私の場合は売却しましたが、できれば6年間売らずに所有する方がおすすめです。

このフィリピンホテル投資は、毎月5～8万円の余剰金があり、頭金100万円が出せる方に向いています。買って放置で、1件あたり年収100万円前後の安定収入が得られるスキームです。もし、優良物件を購入できたら、10～15年間で約1500万円の収益が出せます。中長期的には、3～4件所有できると理想です。年収400万円の安定収入が得られますし、キャッシュが必要になったら売ることもできるからです。そのため、想定外の大きな出費をまかなうこともできます。

さらに、フィリピンホテル投資のタイミングとしては、2023年の今が大きなチャンスだと考えています。コロナやウクライナ戦争による打撃で、一時的に不動産が安くなるも、現在勢いよく不動産市況が回復している節目です。また、フィリピンの国の政策は、2022年にマルコス政権に交代し、アメリカと友好的な関係を築く政策にシフトしています。2025年からはフィリピン初の地下鉄が開通するなど、インフラ整備も目に見える形で発展していきます。特に、不動産の売却まで視野に入れると、私は2023~2030年までの7年間がフィリピン不動産に乗る最後のチャンスタイムだと分析しています。フィリピンは、国として安定しており、フィリピンの財閥系企業は、日本の財閥と同じように、時価総額が1兆円近い大企業ばかりです。ホテルを建てている企業も財閥系が多いので、倒産のリスクがほとんどありません。万が一、倒産しそうになっても上場企業の財閥であれば、市場から資金調達できる企業であるため、その点でもフィリピン不動産購入は安心できると言えるでしょう。

このように、フィリピンホテル投資は、私の人生をどん底から救ってくれました。そして、私と同じように読者のみなさんにも可能な方法です。本書では、様々な角度からフィリピンホテル投資を検証していきます。ぜひ、本書を読んでフィリピンホテル投資の無限の可能性を感じて下さいね。

まえがき……2

第1章 これでもまだ「国内不動産投資」を続けますか？……17
1-1 「国内不動産投資」が儲からない5つの理由……18
1-2 経済のバロメーターは何と言っても人口にあり！……23
1-3 ワンルームマンション投資は実質利回りがマイナスも多い「負債」……26
1-4 戸建て再生投資は、購入後の管理に苦労する……29
1-5 円安で国内不動産の実質価値も下落している……31
1-6 不動産の勝敗は買う前に9割決まっている……34
1-7 高利回りの海外不動産のチェックポイントとは？……36
1-8 投資の最終ゴールは不動産！ ウェルビーイングな資産を持とう……43

第2章 安全に年利8％の家賃を得られる、海外不動産投資があった！……47
2-1 フィリピンは高度経済成長期に突入した！……48
2-2 人口ボーナスが期待できる〝唯一無二の1億人国家〟……51
2-3 フィリピン不動産は年々値上がりしている……53

2-4 月6万円、価格1000万円から購入できるフィリピン不動産……54
2-5 家、ホテル、オフィスのどれを選ぶ？……56
2-6 居住用不動産とオフィスの4つのリスクとは？……64
2-7 英語圏で登記簿が出るのは安心材料……69
2-8 総合的に判断するとフィリピンホテル投資がベスト……71

第3章 フィリピンホテル投資で〝手堅く〟お金を増やす方法……75

3-1 「ドットプロパティ、ラムーディ」でホテル物件を検索しよう……76
3-2 ディベロッパーに想定利回りを聞こう……84
3-3 エリアの競合ホテルの数と宿泊費を調べておく……88
3-4 1日あたりの宿泊費から想定利回りを計算する……93
3-5 利回り8％以上なら買い付けのGOサイン！……94
3-6 購入したい物件の平米単価の相場を確認する……96
3-7 ネット上に物件情報がなければ「日系の販売仲介業者」に聞く……98
3-8 プレセール、中古物件、買うならどっち？……103

第4章 ラストフロンティア〝フィリピン〟で200万円の年収アップ……107

4-1 驚くべき優良物件が出る「郊外エリア」とは？（ニュークラークシティ）……108
4-2 銀行ローンが使えない――どうすれば買える？……111
4-3 一括払い、均等払い、少額頭金＋分割払い、どれがお得？……113
4-4 建設中の「分割支払い分」を他の運用益でまかなう……117
4-5 「竣工直前の物件」を割安で買う方法……121
4-6 クレジットカード払いなら「経費削減マジック」が起きる！……125
4-7 2～3室買ってキャピタルゲインで儲ける！……127
4-8 一度買ったら6年間は手放すな……130

第5章 やってはいけない！ フィリピン不動産投資の落とし穴……133

5-1 成功の可否は立地が9割～ブランドにこだわるな～……134
5-2 「政治的リスク」は「観光地」で勃発する……136
5-3 「自然災害リスク」はこうして避けよう……138
5-4 ディベロッパーの数字を鵜呑みにした人の末路……141
5-5 ブローカーにお金を持ち逃げされてしまった！……144
5-6 登記簿の名義人欄に自分の名前が印字されていますか？……146
5-7 「土地を買いませんか？」は要注意！……148
5-8 日本人オーナーが運営する物件には投資するな……152

第6章　日比の架け橋をつくり「幸せリッチ」な人を増やしたい……155
6-1 人生が豊かになるために「安定収入」が必要……156
6-2 近くて英語が使える投資最適国フィリピン……158
6-3 「安く仕入れて高く売る」は世界共通の勝ちパターン……161
6-4 現地を見るからこそ〝不動産投資〟は成功できる……163
6-5 ホテル投資がフィリピンで新しい雇用を生む……166
6-6 日本とフィリピンの経済的架け橋を作りたい……168
6-7 フィリピン株で頭金をつくり、フィリピン不動産を買おう……172
6-8 投資家を成功させるから、幸せな〝富の循環〟ができる……174
あとがき……178
付録　フィリピン不動産で稼いだ5つの事例……186

# 第1章

# これでもまだ「国内不動産投資」を続けますか？

## 1－1 「国内不動産投資」が儲からない5つの理由

不動産投資という言葉を聞くと、どのようなイメージを持たれるでしょうか？ 投資に興味があり、少しでも調べたことのある方なら、安定した家賃収入が得られるイメージかもしれません。物件を一度買ってしまえば、毎月の家賃が自動的に振り込まれる手堅い投資と考えている人も多いと思います。

ただ、私は日本国内の不動産物件に関しては、このかつての「不動産神話」が崩れていると感じています。ここでは、国内不動産投資のリスクが高まっている5つの理由を説明します。

### 理由1 転売時の売却益が狙えない

ほとんどの国内不動産は、転売時のキャピタルゲイン（売却益）が出ない物件です。なぜなら、日本国内の不動産は、基本的に新築が最も値段が高く、時間が経過するほど、価値は下がります。つまり、海外不動産では当たり前であるキャピタルゲインが得られません。

もちろん、インカムゲイン（家賃収入）だけでもメリットはあります。しかし、不動産購入の醍醐味はインカムゲインとキャピタルゲインの両方が狙えることです。国内不動産では、2大メリットの一つがないため、片手落ちだと言えるでしょう。

## 理由2　人口減少で空室リスクが高まっている

不動産投資では当たり前ですが、入居者が借りてくれなければ家賃収入はありません。ご存知のように、日本の人口はすでに減っており、今後も減少するのは明らかです。将来的には、人口減少が進む地方であればあるほど、日本国内で入居者を集めるのが困難になり、空室リスクが高まるでしょう。そのため、少し長い目で見ると計画していた家賃収入が入らずにローンが支払えなくなる大家さんが増えると危惧しています。

## 理由3　競合が多く、いい物件が残っていない

２０１０年以降、将来への不安から会社員ながら不動産に投資、副収入を得るサラリーマン大家が増加し、高い利回りの出る投資用マンションやアパートへの争奪戦が激化していきました。その一方で、スルガ銀行のかぼちゃの馬車事件の後、不動産購入時の銀行融資の審査が厳しくなりました。その結果、ローンを引ける最大額等の制限が高まり、平均年収前後の会社員の方が、投資ができる物件の数がずいぶん制限されるようになりました。結果、年収５００万円前後の会社員の方ができるマンションは既に良質な物件がほとんどなく、業者に言われるまま不動産を買ったが最後、家賃収入で黒字どころか、修繕費やローンの返済等で毎月支払いが増えて赤字になっている会社員の方も多くいます。競合相手が少なく、より多くの融資が引ける年収３０００万円以上の富裕層の方や戸建て再生投資ができるなど技術をお持ちの方であれば、良質な物件にも巡り合える可能性もありますが、平均年収前後の会社員の方が何の知識もなしに、国内不動産を買うと資産どころか大きな負債になりかねない状況が深刻化しています。

## 理由4　金利上昇でローン返済ができなくなる可能性がある

２０２２年12月20日、驚くべき事件が発生しました。日銀の黒田総裁就任以降、日本は長期間低金利が続いてきましたが、その長期金利が0.25％↓0.5％に上昇したのです。その結果、不動産ローンの金利も上昇させた銀行もあり、月々の銀行返済金額が増加した大家さんも多くいます。従来、異常なまでの低金利で銀行からお金を借りることができました。そのため、銀行ローンを使って不動産を購入しても、十分収益を出すことが可能でした。しかし、今回の金利上昇により、毎月の銀行ローン返済額が増える可能性もあります。２０２３年黒田総裁に代わり、植田和男氏が日銀総裁に就任しました。２０２３年５月現在は、黒田総裁の低金利政策継続の姿勢を示していますが、２年目以降徐々に金利を上げるという噂も流れています。金利が上がると、毎月の家賃の手残りがゼロになったり、ひどい場合は毎月マイナスになるリスクが高まっています。国内の銀行からの融資で不動産を購入する場合、このようなリスクがあることを考慮すべきでしょう。

## 理由5　通貨としての円の価値が暴落している

２０２２年、ウクライナ戦争で世界各国は金利を上昇させましたが、日本は異次元緩和といわれる低金利を続けました。その反動で、２０２２年10月には１ドル＝１５０円まで円の価値が一気に暴落しました。

不動産オーナーの視点で考えると、円の価値がいくら暴落しても、家賃収入の金額は変わりません。そのため、円の価値の暴落は自身には関係ないと思いがちです。しかし、島国日本は食料品やエネルギー資源等の多くのものを輸入に頼っているため、円の価値が下がると物価が上がります。実際、２０２２年はマクドナルドのハンバーガーが１００円→１５０円、うまい棒が10円→12円等物価上昇が続きました。すると、同じ家賃収入でも物価が上昇すれば、同じ金額（家賃）で買える商品が少なくなっているのです。同じ金額の家賃を受け取っていても、実際は収入が目減りしていることになります。これは、インフレに負けている状態と言えます。

以上、国内不動産投資のリスクについてお伝えしました。もはや国内不動産を買っておけば、あとは安泰という時代ではありません。厳しく精査をすれば、いい物件が見つけられる可能性もありますが、素人が見つけるのは至難の業です。万が一、それでも国内不動産投資をされたい方は、これら5つのリスクを考慮した上で慎重に行って頂くことをお勧めします。

## 1−2 経済のバロメーターは何と言っても人口にあり！

ここからは、前述の国内不動産の5つのリスクをもう少し掘り下げていきたいと思います。国の経済を考えたときに、一番大切な要素は人口です。なぜなら、人が増えると商品やサービスの需要が増えるからです。増えた需要に応えるために、さらに多くの物やサービスを供給しようとするため、経済が回ります。

不動産の場合も例外ではありません。人は、基本的に家がなくては生活が成り立ちません。人口が増えれば、住む家ももっと必要になり、家を借りる人・買う人の数も増えていきます。そのため、人口増加中の国は、基本的に不動産への需要が高まり、物件価格の上昇や家賃の上昇等につながります。

そう考えたときに、人口が減少し、住宅需要が減っている日本では、不動産価値は下がる可能性が高くなります。すでに全国に空き家が増えている現状を加味すると、国内不動産を購入することはリスクが高いと言わざるを得ません。

東京都のような政令指定都市であれば、地方と比較して人口減少率が少なく、世帯数減少はゆるやかであるという統計もあります。

しかし、コロナ前は安泰といわれた東京都内の物件でも価格が下がるものが出始めました。コロナにより普及した在宅ワークやテレワークにより、小さなオフィスのニーズが高まっています。パソナが淡路島に本社機能の一部を移転、メルカリが全国どこからでも出勤可能にしたのは有名ですが、テレワークが進んだ社会では、高い家賃を払って東京に居続ける必然性はありません。実際弊社も本社を東京から福岡に移した結果、経費を抑え、より広い環境で仕事が可能になっています。

２０２１年1月1日時点で総務省が発表した人口データでは、日本全国で53万人が減少しました。これは鳥取県民の人口55万人とほぼ同じです。つまり、鳥取県民が消えたのと同じレベルの人口減少が起きているのです。２１００年には、日本人は現在の３分の１になり、４０００万人程度になると予想されています。

田舎ほど空き家問題は深刻です。空き家が増えることは、物件の倒壊による事故や、犯罪者・不法就労の外国人が秘密裏に住み込む可能性があり、治安が悪化するリスクもはらんでいます。田舎の方では、日本人に住んでほしいと、家を無料で譲る人も出てきています。すでに、家は買う時代から、もらう時代に変わりつつあるのです。

１９９０年バブル崩壊以降、経済が停滞している日本。失われた20年という言葉は、いつの間にか、失われた30年と呼ばれており、世界中が経済成長し、人件費が上がる中、日本は平均年収が下がっています。２０２２年はお隣韓国にも平均年収が追い抜かされたというのも話題になりました。

ここまでお読みいただいていかがでしょうか？　このような日本で、「２０００万円から３０００万円の不動産をローンで購入して、本当に大丈夫ですか？」と問いたいのです。「自分が住んでいる国だから安心」「言葉が通じるから大丈夫」という理由だけで、国内不動産を購入することには、大きなリスクがあることに気づいて下さい。不動産業者のセールストークに乗せられて、赤字の国内不動産を購入する行為は、「下りのエスカレーターを逆走して昇っている状態」です。転倒してケガをしてからでは遅すぎるのです。

## 1−3 ワンルームマンション投資は実質利回りがマイナスも多い「負債」

最近、30代前後の上場企業会社員の方で、区分所有のマンションを投資用物件として購入する人が増えています。なぜなら、多くの不動産業者にとって、ワンルームマンションがいちばん販売しやすいからです。

裏を返せば、多くの不動産業者が売りたい物件・売りやすい物件とは、業者にとって都合が良い物件です。本当に残念なことですが、購入者が赤字物件をつかまされて、大損するケースが多く発生しています。

よくあるモデルケースで考えてみましょう。ある会社員が物件価格２０００万円の都内ワンルームを頭金３００万円、残金１７００万円を銀行ローンで借り入れて購入したとします。月８万円の家賃収入がある場合、年収は96万円になります。

しかし、ここで大切なのは、実際に自分の手元に残るキャッシュの金額です。実際には、ローン返済に加えて、不動産管理費や修繕費などの経費が加わってきます。実際に8万円の家賃収入があっても、諸経費を合計すると、8万円を超える支出になる場合もあります。都内ワンルームでは赤字になることも多く、月5000円でも黒字になっているなら良い方でしょう。

冷静に考えて計算して頂けたらわかるのですが、毎月8万円の家賃をもらっても、毎月9万円の経費がかかっていたら、毎月マイナス1万円です。不動産業者のよく使うセールストークは、「年収が100万円アップしています」「副業の損失は節税になります」「不動産は安定収入が得られる資産です」などです。確かに年収は100万円アップしたとしても、110万円支出を生み出したら、ただの赤字です。残念ながら、何も知らない人が不動産業者のセールストークの被害者になっています。「不動産オーナーになれば、資産家の仲間入りだ」と得した気分になり、毎月赤字の「負債不動産」を購入するケースが後を絶たないのです。

繰り返し何度も言いますが、大切なのは実際に手元に残る毎月のキャッシュです。

毎月のキャッシュが赤字になるワンルーム物件を購入することは、実は負債を購入しているのと同じです。ぜひ、「本当の資産とは何なのか?」とあらためて問いかけて欲しいと思います。

そもそも、資産とはお金を生み出してくれるものであるべきです。毎月赤字だと、精神的な負担も大きくなります。極めつけは、不動産ローンを引くときに基本的にセットで加入する「団体信用保険」（万が一ローン債務者が死亡したりがんになった際に、借金がゼロになるもの）を利用し、「がんになればローン完済できますよ」と平気で言う業者も登場しています。確かに二人に一人ががんになる時代とは言われますが、がんになるために不動産投資をするのですか？　このようなコンプライアンス的に大きな問題がある悪徳業者も存在します。

また、不動産を1件購入した人は、3件は購入するといわれています。私の耳に入る最悪のケースは、3件の負債不動産を抱えてしまい、借金返済で首が回らなくなる人です。最終的には、不動産を売るに売れなくなり、泣き寝入りするパターンです。

本当にそのワンルーム投資でキャッシュが残るかどうかを、ご自身で計算してみて下さい。業者の言うことを精査した上で、ご自身が納得した物件だけを購入してください。これ以上、不動産業者のセールストークに翻弄される被害者を増やしたくないのです。本書の読者には、本当の資産になりうるフィリピン不動産の可能性を知っていただきたいと思います。

## 1－4 戸建て再生投資は、購入後の管理に苦労する

不動産の価値とは、買って所有するだけで年金のような安定収入を生み出す資産になることです。しかも、管理不要で手間がかからず、忙しい会社員の方でも行えることがメリットといえます。

最近、築古物件の戸建てや古民家を購入し、おしゃれにリノベーションして人に貸し出すという通称「戸建て再生」「古民家リノベ」が流行しています。私自身、茨城の物件を土地評価価値以下で、２室安値で購入し、利回り15％以上の家賃で貸し出すことに成功しましたが、やってみてわかったことは、一般の方には、非常に難しいということです。

戸建て再生・古民家リノベが難しい理由は、大きく分けると２つあります。

１つ目の理由は、古民家を購入する場所の土地勘がないと、将来的に物件の価値が上がるかどうか判断できないことです。古民家を購入して新しく再生したとしても、そのエリア自体に賃貸需要が少なければ、当然、空室リスクが存在します。当初予定していた利回りが得られず、家賃収入がまったく入らないという可能性も充分にあるのです。

2つ目の理由は、本当に良い物件は簡単に手に入らないということです。多くの場合、本当に良い物件はインターネットに上がる前に、業者が先に購入してしまっています。私の利回り15％以上の戸建ても、地元の業者さんに足しげく通い信頼関係を構築し、ネット公開前に落札しました。購入する物件をノールックで落とす勢いがないと、落札が間に合わないことが多々あります。運よく購入できても、修繕費用に対する正しい知識や、必要箇所に絞ったリノベをしなければ、修繕を依頼した工務店さんから水増し請求されたり、過度な修繕を行ったり、支払いが多くなるリスクもあります。ご自身で内装工事をすれば、人件費は無料にできるかもしれませんが、かなりの根気と時間が必要です。素人で古民家リノベに参入する場合、相当な努力が必要になると考えた方がいいでしょう。

このように、戸建て再生・古民家リノベで高い利回りを出すには、相当な努力が必要です。そもそも、ローンが引けない物件が多く、現金が必要ですし、週5日勤務で平日に多くの時間が取れない会社員の方には、残念ながら非常に厳しい戦いになると考えています。

ただ、その中でも成功する人は、ＤＩＹがプロ並みで自分で修繕できる方でしょう。自分で正しい修繕方法を知っていれば、修繕コストを極限まで抑えられます。

ただし、年収５００万円から６００万円の会社員の方が、十分な知識がないまま購入すると、客付けができない、修繕費がかさむ、売却益がかさむといった3重苦に陥る可能性があるので、十分注意しましょう。

また、一部例外として富裕層の方は耐用年数超えの築古物件を買い、節税に回す手法も存在します。本書籍はフィリピンの不動産に特化したものではありますが、弊社では日本の築古不動産を評価価値以下で仕入れ・内装工事・貸出まで一気通貫で行い、節税と最低年間12%程度を行うサービスもございます。物理的に月に5件程度しか受け入れできませんが、ご興味ある方は別途お問い合わせください。

## 1−5 円安で国内不動産の実質価値も下落している

近年、為替の変動が世界各国で起こっています。私は、これまで以上に「外貨を持つこと」の重要性が高まっていると感じています。つまり、自分の資産を守るために、日本円以外の外貨を一定量所有し、通貨の分散をしておくのです。そして、一つの解決策として、海外不動産を購入し、外貨で収入を得ることも有効だと考えています。

２０２２年には、1年で円の価値が35％も暴落しました。この異常事態が伝わるでしょうか？　発端はウクライナ戦争でしたが、今までは「有事の円買い」といい、戦争や災害が起きた際は、安全資産の円が買われる（円の価値が上がる）というのが歴史の慣習でした。

ところが今回は、戦争時に円の価値がひたすら下落するという真逆のことが起きたのです。ウクライナ戦争によるロシアへの経済制裁で、物流網が崩壊。日本を含めて世界中で物価が上昇しました。物価上昇を抑えるには、金利を上げるのが有効手段ですが、アメリカやフィリピンと異なり、長い間低金利政策をとった日本はこの手段が簡単にできませんでした。金利を上げると国債の返済金利が上がり日本の借金増加、不動産ローンやビジネスローンに苦しむ企業や個人が増えるからです。

異常事態でしたが、逆に考えると、外貨の価値は円に対して35％上昇しています。このように、通貨の分散をしていれば、外貨の価値が高いときに外貨を売り、円に替えておくこともできます。円だけしか持っていなければ、円の価値が35％暴落したら、現金の資産も35％減ることになります。逆に外貨を保有していれば、日本国内の物が35％割引で買えるということになります。

日本でも物価上昇が起こっています。その一方で、不動産からの家賃収入の金額は変わっていません。つまり、この場合、物価が高くなっているので、同じ家賃収入を得ていても、買える商品の数は減っています。そのため、同じ家賃収入を得られる不動産でも、家賃収入で得られるお金の価値自体が下がっていれば、不動産の実質価値が下がっていることになるのです。

このように円の価値が暴落し、物価上昇が起こったときの保険として、海外不動産を所有するという選択肢は有効です。海外不動産を得ると、外貨建ての収入が為替に関係なく、定期的に入ってきます。特に、通貨の価値が安定している国、例えばドル収入のあるアメリカ不動産やペソ収入が得られるフィリピン不動産だと、為替リスクが少なくなります。海外不動産を購入する際には、為替リスクもありますが、上手く活かせば外貨を獲得でき、円の暴落や物価上昇に備えられることも覚えておいてください。

## 1−6 不動産の勝敗は買う前に9割決まっている

不動産取引では、物件を買う前にすでに勝敗が決まっていると言っても過言ではありません。

不動産投資において最も重要なのは、「立地」です。

人口減少が進む地域や交通アクセスが悪い地域では、将来的に不動産需要が減少します。一方、人口増加が見込まれる地域や駅近の物件は、将来的に需要が高まり、物件価格が上昇する可能性も期待できます。

そして、そのようなプレミア一等地物件を、いかに安く買うことができるのかが重要です。どれだけ立地が良くても高値で購入してしまっては、家賃利回りの減少や売却時の利益が小さくなってしまいます。逆に安値で購入できれば、利回りも大きく増え、安定収入を得ながら、売却益も狙うことができます。

つまり、「最強の立地」×「安く仕入れる」ここにどれだけこだわれるかで、実は物件を購入する前に勝負が決しているのです。

しかし、ここまで説明した通り、日本は長く続いたマイナス成長、そしてサラリーマン大家による競争激化により、簡単には良質な物件情報は耳に入りません。だからこそ今の時代に大切なのは、国内不動産だけにこだわらず、海外不動産も視野に入れることです。海外不動産であれば、「海外」というだけに参入障壁のおかげで競合が少なく、まだまだ立地も抜群、値段も安いプレミア物件のブルーオーシャンが広がっている可能性があるからです。一方で、海外不動産の場合、その国の政治状況や為替の安定性などを調査し、精査する必要がありま す。なぜなら、不動産は一度購入したら、物件を売りたいと思ってもすぐには売れないこともあるからです。売れるかどうかは物件がある国や立地に大きく依存するため、慎重にマーケットを選ぶ必要があります。

日本国内で不動産投資を考える人は多いと思います。しかし、先述したように、人口減少、変動金利、円の価値下落などを考慮すれば、日本というマーケットは難易度が高いと私は考えています。

一方で、視点を海外に向けて国境を越えれば、日本よりも楽に良い物件を得られるチャンスがあります。インターネットの普及や翻訳ソフトの進化など、ITインフラが充実してきているため、以前より海外不動産のハードルは格段に下がっています。海外不動産は敷居が高いと思われがちですが、皆がやってないからこそ大きなチャンスを秘めています。日本人は「みんなが買っているから安心」と考えて、あまり深く考えずに都心のワンルームを購入してしまうのです。どう考えても、競合が多いレッドオーシャンです。さらに、不動産の基本である「安く仕入れて高く売る」という原則からは外れていることが多いのです。

やはり、私はビジネスや投資において、競合のほとんどいないブルーオーシャンを狙うことが大切だと考えています。その点、ほとんどの人が参入しない海外不動産というマーケットこそ、宝の山なのです。もちろん、海外不動産でもエリアや物件の状態や利回りなどを見極める必要はあります。しかし、国内不動産よりもお宝物件が眠っている可能性が高いのも事実です。本書では、具体的な海外不動産の注意点や購入方法などを詳しくお伝えするつもりです。ぜひ、しっかりと吟味した上で、海外不動産の優良物件を手にしましょう。

## 1−7 高利回りの海外不動産のチェックポイントとは？

海外不動産では、高利回りを実現できる可能性が高いとお伝えしてきました。しかし、どこの国の不動産を買うかによって明暗が分かれてしまうのも事実です。ここでは、海外不動産の国選びでチェックしておきたい5つのポイントを順番に説明します。

## 【ポイント1　人口】

まず、人口が多い国を選びます。目安として、1億人を超えている国が良いです。そして、今後30年間で人口が1.5倍以上に増加する可能性のある国が望ましいです。その理由は、やはり人口と不動産需要は連動しているからです。人口が増えてくれれば、賃貸需要が増えるため、不動産価値は上昇します。

逆に、少子化が進み人口が減り続け、移民流入も推進しない国は避けたいところです。

試しに、マレーシアを見てみましょう。首都クアラルンプールにはシンガポール顔負けの大都市・摩天楼が広がっています。地震災害のないこの国では50階以上の高層マンションやホテルを無秩序に建て続けました。ただし、マレーシアの人口はわずか3300万人。結果、供給過多になり高級マンションで有名な「リッツカールトン」もどんどん資産価値や賃貸価格が下がり、国際ブランドホテルも価格が崩壊してしまいました。人口の伸びと需要と供給のバランスが非常に必要です。

**【ポイント2　経済レベル】**

その国の経済レベルを判断する指標としては、一人当たりGDPが優秀です。これは、国全体のGDPを国民の人口で割った数値です。私は、一人当たりGDPが3000ドル以上の国が狙い目だと考えています。実際、日本の高度経済成長期の1970年代もちょうど3000ドルを超えたタイミングでした。

一人当たりGDPが3000ドル未満だと、国としてまだまだ貧しいため、住宅の購入を検討する余裕がありません。3000ドルを超えてくると、住宅購入の頭金を用意でき、自動車の購入を検討する人が増えてきます。昭和時代の日本でも、「タワーマンションに住みたい」「フェラーリに乗りたい」と憧れる人が現れてきた時期です。

不動産を購入するなら、この日本の1970年代のような経済レベルの時代の国にエントリーすべきです。実際、1980年代の不動産価格上昇では、多くの日本人がキャピタルゲインを得ました。その後、バブル崩壊は起こりましたが、それまでの間、不動産価格は上がり続けたのです。このように、放っておいても不動産価格が上昇する可能性が高い国を狙うことが大切です。

## 【ポイント3　物件価格上昇】

物件価格は需要と供給のバランスで決まります。では伸びゆくエリアはどこなのでしょうか？　経済的に勢いがあり、人口も1億人を超えている国と予想できます。

アジアの中で人口1億人を超えている国は、インド（14億2333万人）、中国（14億1255万人）、インドネシア（2億7486万人）、パキスタン（2億2703万人）、バングラデシュ（1億6852万人）、日本（1億2517万人）、フィリピン（1億1157万人）の7カ国です。

**アジア人口ランキング2022**

**https://ecodb.net/ranking/area/A/imf_lp.html**

この国の中で、不動産購入に最適なマーケットを絞り込んでいきます。まず、中国、日本は既に少子化に入っており、インドネシアはあと2年で人口ボーナスが打ち止めするので、避けた方が無難でしょう。インドネシアに関しては、為替の変動も大きいため、物件価格が下がる可能性も秘めています。パキスタンは政情不安で政治リスクが高いため、不動産価格も不安定なので、避けたいところです。バングラデシュは、かつてアジアの最貧国と呼ばれていました。現在中国に次ぐアパレル大国として成長していますが、一人当たりＧＤＰはまだ２４００ドル前後と少しエントリー時期には早いです。また、同じアジアにありながら、直行便がなく、マレーシア等での乗り換えになるため、万が一の場合、かけつけるには15時間以上かかる遠い国でもあります。

インドは、日本の１９６０年代相当であり、投資先としては面白いとは思いますが、少し早すぎると判断しています。そして、法整備が進んでおらず、カースト制度が色濃く残っているのも懸念材料です。また、仲介会社が少ないので、物件を購入しても売れなくなる可能性もあります。いい仲介会社が見つからない場合、インド人と英語で直接交渉する必要が生じます。言語や現地の法律に自信のある方なら良いですが、トラブルになる可能性もあります。やはり、総合的に考えてインド不動産の購入はハードルが高いと言えるでしょう。

以上のように消去法で考えると、やはりフィリピンで不動産を購入することがベストです。フィリピンは、人口が２０９２年まで増加する見込みで、フィリピン不動産はキャピタルゲインが期待できます。一人あたりGDPも3000ドル台であり、圧倒的消費意欲に支えられ、毎年GDPが6％以上成長しています。法文書も英語であり、為替も安定。飛行機でわずか4時間、時差1時間の国です。さらに、すでに多くの仲介会社も存在しているため、インフラ面が整備されているのもポイントです。

**【ポイント4　期待利回り】**

大きなキャピタルゲインを狙うなら、不動産よりも株がお勧めです。やはり、不動産は株に比べてキャピタルゲインが少なくなる傾向があります。ただ、不動産のメリットは、毎月のインカムゲインを得ながら、売却時のキャピタルゲインが狙えるところです。

しかし、いくら海外不動産が高い利回りを期待できるからと言って、「業者に言われたままに購入したら、実際に手元に残る実質利回りは3％だった…」という事態になることもあります。実際フィリピンでも、市場の相場の2倍で売られるような物件もあり、本当に、国内不動産と比べて利回りが高いのかを吟味する必要があるでしょう。しかし、きちんと精査して選択した海外不動産なら、日本の国内不動産よりも高い利回りが実現できます。このとき、実際に手元に残るキャッシュで実質利回りを計算して、シビアに選ぶ必要があります。

## 【ポイント5　為替の変動】

ポイント1から4まで見てきましたが、この4つが安定していても、為替の変動が大き過ぎる場合は高いリスクが存在しています。海外不動産を購入して、物件価格が上昇してキャピタルゲインを得られると思った矢先に、通貨価値が一気に暴落する可能性もあるからです。その結果、物件価値が購入時と同じ水準に戻る可能性もゼロではありません。

私はエジプトの不動産も所有していますが、購入時よりも物件価格は上昇しました。まだ売却していませんが、エジプトポンドベースではキャピタルゲインが出る見込みです。しかし、エジプトポンドが1ポンド＝7円から4.5円まで暴落し、通貨価値は約35％下がったのです。このような状況では、いくら物件価格が35％上昇したとしても、通貨価値が35％低下したら、物件価値は購入時と同じになってしまいます。また、エジプトは軍事政権でもあり、国としてのデフォルトリスクが発生するほか、国境に接したスーダンでは、現在クーデターが発生しました。経済成長や人口だけでなく、為替に影響をあたえる政治情勢や外交状況等を私も注視しながら、売却するかどうかを見極める必要があると感じています。このように、為替の変動によって、大きく不動産価値も変動するリスクを秘めています。

以上、海外不動産購入時の５つのチェックポイントについて説明してきました。海外不動産を購入する際には、総合的にマーケットを選ぶ必要があります。ぜひ、参考にしてください。

## 1−8 投資の最終ゴールは不動産！ ウェルビーイングな資産を持とう

そもそも、多くの人は何のために投資を行うのでしょうか？ 皆様は、なぜ不動産投資に興味を持たれましたか？ 私は、投資は幸せな人生を送るためのツールだと捉えています。

では、みなさんにとって幸せな人生とはどのような人生でしょうか？ もう一度、この本を読み進める前に考えてみましょう。

「きれいごとをいう前に、お金を稼がないと大切なものを守ることができない」

私は大学卒業後、社会人2年目に実感したのがこのメッセージです。

東京で会社員をしていた当時、社会人2年目で子供を授かりました。親の反対を押し切り、結婚したものの、物理的にお金がありませんでした。朝から晩までシャカリキに働くも、増えるのは仕事の責任と残業ばかりであり、子育てに十分な貯えも、待機児童の問題も解決できません。

「同じ24時間働くなら、物価が半分の国で働けば貯蓄が倍になるはずだ！」

起死回生を狙った最後の手段は、フィリピンへの移住。投資の知識のなかった私は、妻を説得し、転職。1歳の娘を連れてフィリピンへ駐在員としての仕事を手にします。

しかし、待ち受けていたのは、ブラックな労働環境でした。仕事の成否に関係なく罵声を浴びせられる毎日、雨が降ったらインターネットは止まり、虫が湧く居住環境、周囲に娯楽のない田舎での監獄生活。夫婦ともども鬱になり、本当に苦しかったです。

「転職したい！」と思いましたが、収入の柱も居住環境も就労ビザも全てブラック企業に依存していた私たち夫婦には、「もっと不安定になるのでは…」と疑心暗鬼になり踏ん切りがつきません。その時、私の人生を救ってくれたのが「不動産投資」です。

初めての不動産家賃が入ったときの感動はわすれません。月8万円。でも、複数物件を所有して、この月8万円を積み重ねることができたら、会社を辞めることができる。給料を軸に会社を選ぶのではなく、人間関係の良い職場に転職できる。株式投資のように価格が上下左右せず、安定した家賃が入ることは圧倒的な安心感があり、私たち夫婦にとっての希望の光になりました。

幸せな人生だと感じるためには、安心感や心の健康が大切です。安心感を得るためには、安定収入が必要不可欠です。そして、このような安心感を与えてくれる資産は、私は不動産しかないと考えています。

1億円の現金を持つことよりも、安定して毎月100万円の収入がある方が、様々な意思決定をしやすいと実感しています。

この章では、様々な角度から国内不動産投資の危険性を伝えてきました。しかし、私が本当に恐ろしいと思うのは将来、貯金残高が日々減っていくのを見ながら暮らすことです。もし、安定収入がなければ、「よし、これからセカンドライフを送ろう」という時になっても、色々と行動に制限ができてしまいます。お金は、人生を豊かにするための手段の一つです。それなのに、お金が不足するあまり、お金に支配されてしまうというのは、非常に苦しいなと思います。例えば、貯金残高を気にして旅行に行けなかったり、好きな場所に移住できなかったり、お金が理由で決断できないことが多くなってしまうでしょう。

私は、不動産はウェルビーイングな資産だと思っています。お金は天国までもっていくことはできません。でも不動産は、目に見えた資産なので、自分の物件を所有していれば家族や友人と泊まりに来ることもできます。思い出作りもできますし、ただ旅行するよりも、現地の不動産を見てみると、そこの国の経済状況や生きた人の生活も肌で感じることができます。不動産は単なるマネーゲームではなく、人生を豊かにしてくれると私は感じています。皆さんは安定的な収入が手に入ったら何がしたいですか？　誰のために資産が必要ですか？　なぜそれが必要なのでしょう？　目的を見失わず、しっかり堅実に資産を増やしていきましょう。

# 第2章

# 安全に
# 年利8％の家賃を得られる、
# 海外不動産投資があった！

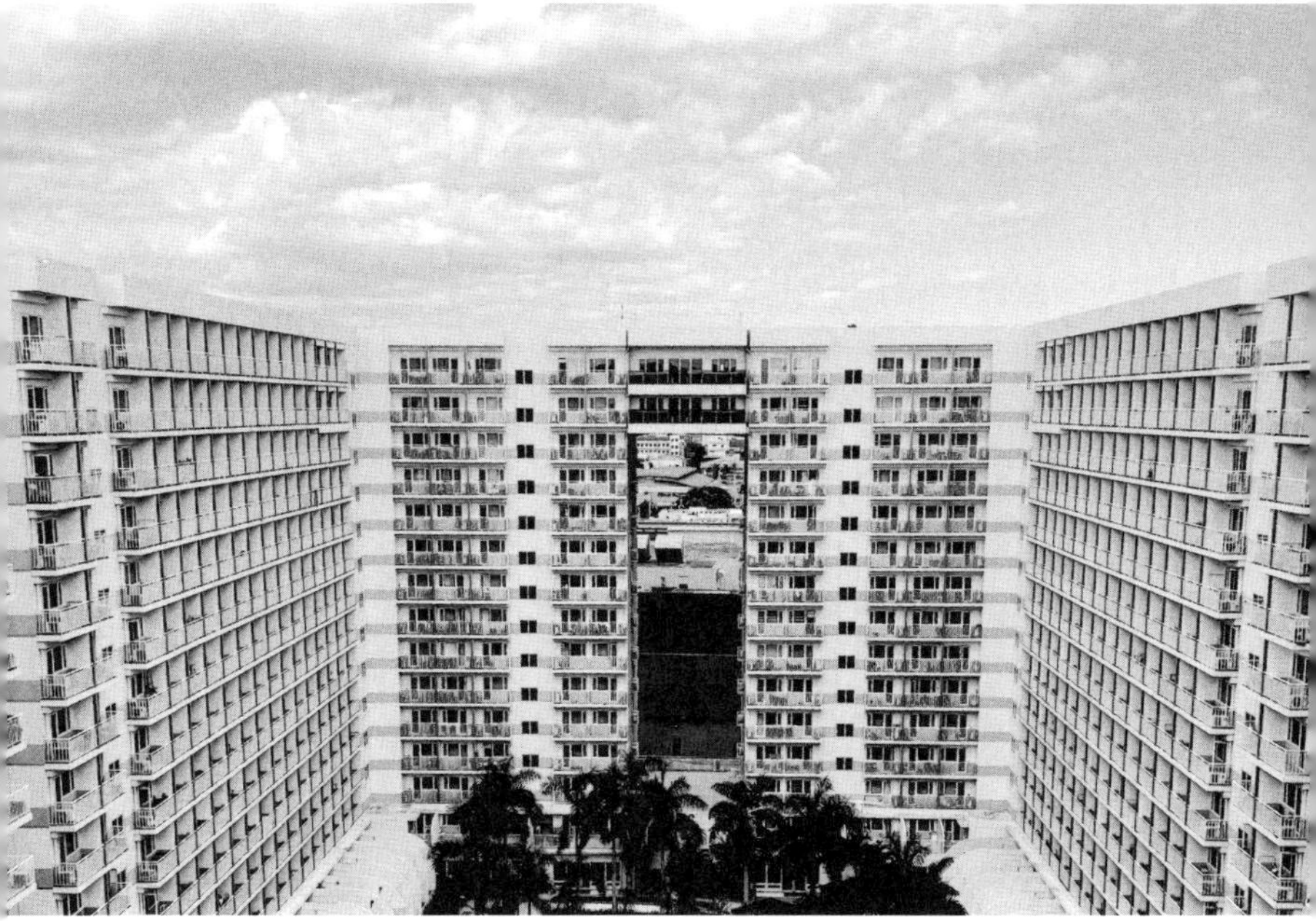

## 2－1 フィリピンは高度経済成長期に突入した！

前章でフィリピンは「毎年ＧＤＰが前年同期比６％の経済成長をしている」とお伝えしました。２０００年代に入ってから目覚ましく成長するフィリピンですが、実は経済成長の勢いが顕著になったのは２０２２年です。ウクライナ戦争で起きた物流網の崩壊により、世界一の経済大国アメリカですらＧＤＰがマイナスになる一方で、フィリピンのＧＤＰが前年対比7.6パーセントも成長していったのです。

この驚異的な経済成長を支えているのは、フィリピン国民の消費欲の高さです。一人当たりのＧＤＰが３０００ドルを突破した高度経済成長期のフィリピンでは、お金を熱狂的に使おうとする〝風土〟があります。フィリピンは日本よりもはるかに低い給与水準ですが、それにもかかわらず消費欲は上昇傾向にあります。例えば、年利20％のカーローンで自動車を購入する人や、年収がそれほど高くないのにタワーマンションを購入する人も少なくありません。

国のインフラ整備もフィリピン国民の消費を後押ししています。ドゥテルテ前大統領時に掲げられた「ビルド・ビルド・ビルド」という大規模インフラ政策を引き継ぎ、2022年に新しく大統領に就任したマルコス大統領は「ビルド・モアー・ベター」政策を立案。2025年からは、フィリピン初の地下鉄や高速道路が急激に建設される計画があり、それに伴ってますます利便性が増し、消費が拡大していくと予想されています。

フィリピンのような発展途上国への投資をするにあたって、専門家ほど「外国人ばかりが不動産を買って価格上昇させている」と考えがちです。確かに2010年代と比較すると随分、不動産価格は上昇しています。しかし、そもそもフィリピンでは外国人が土地を買うことはできません。唯一、購入できるのはコンドミニアムといわれる分譲マンションだけです。さらに外国人は物件の総戸数の4割までしか買えないということが法律で決まっています。そのため、外国人の不動産購入だけが価格上昇の原因ではありません。

また、コロナ禍の経済規制によって、中国人を中心とした外国人のお金が流出し、フィリピンの不動産価値が下がると私自身、一人の投資家として危惧しました。しかし、一次的に中古価格は落ちたものの、既にコロナ前の価格帯に戻っています。新築に関していえば、むしろ価格上昇が続いています。

つまり、ほとんどの外国人がフィリピン不動産を購入していないのに、その価値が上昇しているのです。それでは、誰が購入しているのでしょうか？　そう、答えは「フィリピン人」です。

フィリピン人による不動産の購入を支える一つの理由が、「出稼ぎ労働」です。一説によると、５年前後で竣工する物件を計画段階購入する「プレセール」という方式は、出稼ぎ労働者の資産構築のため流行したという文化的背景もあるそうです。得意な英語を活かして、アメリカや欧州といった海外で働くフィリピン人の方は多く、母国の最低賃金の10倍以上の年収を稼ぐ方も多くいます。大切な家族のために給料の半分を仕送りにあてるケースも珍しくなく、その送金額はフィリピンのＧＤＰの約10％、３００億米ドル以上です。一方で、せっかく家族のために送金したにも関わらず、家族が湯水のようにお金を使ってしまい、数年後母国に戻ったら一銭も残っていなかったというケースも。このような際に、現金で残さずに「家」という資産を作ろうと、プレセールという購入方法は地元のフィリピンの方にも深く浸透しています。最近は、政府の推奨するエコ認定を受けた物件は、従来の不動産ローンよりも長期間（10年→30年）、低金利で借りられる特別ローンも出ており、制度改正により、より幅広い層が不動産を購入できる可能性を秘めています。

# 2－2 人口ボーナスが期待できる〝唯一無二の1億人国家〟

経済における人口の重要性は第1章でもお伝えしましたが、フィリピンは将来的に人口ボーナスが見込める数少ない国です。人口ボーナスとは、その国における若い人（15～64歳）の割合が過半数を超え続ける現象を指します。一般的に65歳以上の高齢者よりも、労働し固定収入のある若者のほうが、より多くお金を使う傾向にあり、人口ボーナス＝経済成長ボーナスとも呼ばれます。

人口増加が著しいアジア各国の中でも、フィリピンは総人口が1億人を超える巨大マーケットであり、平均年齢もわずか26歳、２０５０年までと他国を寄せ付けない長さの人口ボーナス期間を誇ります。また首都部メトロマニラと東京23区はほぼ同じ面積になりますが、人口密度は東京の1.4倍に及ぶともいわれます。地下鉄などのインフラが整備される２０２５年以降は、郊外からも人口が流入するため、マニラでの人口密度はこれからも加速していくと予測されています。

ただし、ひとつ注意点があります。人口が増えると不動産の需要が増大しますが、不動産会社がどんどん新築物件を造れば供給過多になる可能性もあります。マニラでも50階を超えるような超高層マンションが出始めておりますが、居住者よりも物件数が多くなれば、当然空室リスクは高まります。空港周辺など高さ規制があるエリアでは、土地の数以上に供給できる物件数が限られるため、価値が上がる傾向になりますが、高さ規制のないエリアでは注意が必要です。

当然ですが、フィリピン不動産だからといって、どのような不動産でも購入すれば、価格が上昇するわけではありません。当然、そのエリアの特性や需給バランス・成長性を理解した上で、購入する必要があります。ただ、そうは言っても、国全体が経済成長しているため、〝当たりの不動産〟に当たる確率は高くなりますが、何でもいいから買えば不動産価格が上がる時代は既に過ぎています。そのため、日本の不動産と比較したら、値上がりする不動産が見つかる確率は高くなると言えるでしょうが、しっかりと好立地の安い物件を探していきましょう。

## 2－3 フィリピン不動産は年々値上がりしている

フィリピン不動産の価格は毎年値上がりしています。実は、私は２０１４年に初めて不動産を購入しましたが、２０２０年の時点で既に価格は2倍になっていました。正直、不動産バブルなのではないか？ フィリピン不動産の価値上昇はストップすると考えていましたが、コロナによって一時的に物件の価格が下がったものの、ウクライナ戦争を経てもまだ新築は価格上昇が続いています。私はフィリピン不動産の底力に驚きましたが、現在も破竹の勢いです。

実際、10年前にフィリピンのワンルームを、約８００万円で購入した日本人の知り合いの方がいますが、現在ではそのワンルームは１２００～１３００万円まで値上がりしています。

私は国の経済成長、増える人口、消費者物価指数が上がっても落ちない消費意欲、為替の強さ、インフラの整備等々、様々なデータを見る限り、一昔前のように、どの物件を買っても2倍も価格上昇するようなことはないとは思いますが、着実にまだまだフィリピン不動産の価値上昇は続くと考えています。

## 2－4 月6万円、価格1000万円から購入できるフィリピン不動産

日本では不動産物件を購入する場合は新築か中古の2種類ですが、フィリピン不動産は新築と中古に加えてプレセールという購入方法があります。プレセールとは、まだ建設されていない計画段階の物件を購入することです。プレセールには分割払いができるというメリットがあり、長いもので4～5年払いが可能です。例えば、1000万円の不動産を購入する場合に、まず4年間で300万円だけ支払います。つまり、300万円÷48カ月＝約6万円／月で積み立てていき、4年後に残金の700万円を支払うといった方法で購入することができるのです。

日本人でも不動産ローンをひくことは可能ですが、最低でも年利6.5％以上と日本と比べて非常に金利が高く、借り入れできる期間も10年程度と短いためローンは絶対に使うべきではありません。そのため、まとまった資金が今すぐに準備できない方にとっては、この分割払

いはありがたいシステムです。分割払いしながらも家賃収入でお金を増やすことができ、その間のキャピタルゲインも狙うことができるからです。手元の資金が少なくても、物件価格が安い時点で購入し、月々の分割金を支払いながら、物件価格が上がったら売却することも可能です。もちろん、売却せずにそのまま所有することもできます。

基本的に、プレセールは物件が売れるに従って価格が上がっていきます。もし、売り始めの第1段階で仕込むことができれば、価格は毎年5％前後、優秀な物件であれば最大10％ほど上がる場合もあります。物件が完成する前に20～30％ほど物件価格が上昇する不動産は多いのが現状です。確かに、この仕込みの時点では、家賃収入は得られないため、その間キャッシュを一切生みません。しかし、物件価格が上昇する可能性が高く、キャピタルゲインを得られるという点は大きなメリットといえるでしょう。

デメリットとしては、「物件が実際に建設されないリスク」が挙げられます。万が一、開発業者が倒産するなどして物件が建設されなかった場合、お金は返って来ないリスクが高いからです。そのため、信頼できる現地の上場企業や仲介会社などを選び、リスクを最小限まで抑える必要があります。過去に事故を起こしたことがなく、しっかりと最後まで建設した実績のある企業の物件を購入することがとても重要です。

また、価格が高すぎる物件を購入してしまった場合、価格が下落する可能性もあるという点には注意が必要です。実際に、東南アジア初と称されたトランプタワーなどの超高級物件は価格が大暴落しています。フィリピン不動産だからといって、どんな物件でも買っていいわけではありません。しっかりとした目利きが必要だということを覚えておいてください。

## 2-5 家、ホテル、オフィスのどれを選ぶ?

フィリピンの法律では、そもそも外国人は土地を買うことができません。そのため、外国人は必然的にコンドミニアムタイプの不動産を購入することになります。コンドミニアムとは、複数の住戸が一つの建物内に存在する住宅形態の一つです。一般的にはタワーマンションを想像してもらえたら分かりやすいでしょう。

フィリピンのコンドミニアムの魅力は種類が多いことです。大きく分けると、居住用不動産、ホテル、オフィスの3種類があります。ここでは、それぞれのメリットとデメリットをお伝えしていきます。

まず、居住用不動産とは、1つの区分マンション、つまりマンションの1室を購入して、それを入居者に1~2年等のスパンで貸し付けるタイプの不動産です。

メリットとしては、一度客付けに成功すると安定的に家賃収入が得られる点です。フィリピン不動産の場合、入居者に1年分の家賃を現金で先払いしてもらうか、先日付小切手を切ってもらってから貸すことが一般的です。そのため、基本的には家賃回収ができないということはなく、入居者が見つかりさえすれば家賃収入は安泰です。

また、家賃の価格設定を自分で決めることができます。借り手さえ見つかれば安定的に収益が入り、家賃も上昇傾向にあることが、居住用不動産のメリットになります。

デメリットは、入居者がいない場合に家賃収入ゼロの期間が続いてしまうリスクがある点です。さらに、日本人がフィリピン不動産を購入する際には、自力で借り手を探すことは難しいため、基本的にどこかの管理会社に頼むことになります。購入者が英語を話せる場合は、たくさんの英語圏の管理会社から選択できますが、英語が話せない場合は日系の不動産管理会社に頼む必要があります。日系の管理会社もピンキリですので、信頼できる会社選びが重要になってきます。ここで管理会社の選択を失敗してしまうと、いつまでも借り手がつかず負債になりかねないので、くれぐれも慎重に選んでください。

また、フィリピンの文化では居住用不動産を家具付きで賃貸するのが一般的です。しかし、ほとんどの日本人にはベッドやエアコンなどの家具の価格帯の相場がわかりません。その結果、丸投げしたフィリピンの管理会社から家具代金の水増し請求をされる被害がよく起こります。

借り手が付かないと収入がゼロになり負債になる可能性があること、家具を揃える際に管理会社に任せると水増し請求されるリスクがあること、この2点が居住用不動産のデメリットでしょう。

次に、ホテルのメリットとデメリットをお伝えしましょう。ホテルの場合、1つの部屋を購入し、旅行者やビジネス出張者などにホテルとして貸し出す形態になります。

まず挙げられるメリットは、居住用不動産と比べても1日あたりの収入が高く、利回りが上がる傾向にあることです。一般的に、1年で家を貸すよりも、マンスリーマンションやウィークリーマンション、ホテルといった短期間で貸し出す不動産の方が基本的に回転率は高くなります。最も短いスパンで貸し出すホテルは1日あたりの利益も大きくなる傾向があります。

また、ホテルの場合、初めからホテルとしての運用が決まっているため、Expediaやトリップアドバイザーといった世界で名だたる旅行サイトが集客してくれる利点があります。つまり、居住用不動産のように、自分で客付けする必要がないのです。そのため、英語が話せなくても日系の管理会社に頼る必要がないこともメリットです。ホテルの中には、自分の部屋が空室かどうかは関係なく、ホテル全体の稼働率に応じて、利益を分配する「プロフィットシェア」型の物件も存在します。仮にA部屋、B部屋、C部屋、D部屋と合計4室からなるホテルがあったと仮定します。A部屋・B部屋・C室も満室で月10万円の家賃、しかし自身の購入したD部屋だけ空室とした場合、普通家賃は入りません。しかしプロフィットシェア型のホテル投資の場合、A室10万円、B室10万円、C室10万円、D室0万円、合計30万円だから、この30万円をA室~D室4人のオーナーで均等分配しよう！となり、D室のオーナーも自身の部屋が空室でも30万円を4人で割った7万5000円の利益を上げることが可能です。プロフィットシェアの場合、空室リスクを極限まで抑えてくれます。フィリピンの観光客・ビジネス出張者も増加しており、今後も収入の見込みは大いに期待できると思います。

さらに、居住用不動産と違い、ホテルは基本的に家具付きなので、家具代が物件代に含まれている点もメリットです。つまり、居住用不動産のように、家具の購入時に水増し請求さ

## 通常の1年貸しの居住用不動産の場合

| 部屋番号 | A室 | B室 | C室 | D室 |
|---|---|---|---|---|
| 家賃 | 10万円 | 10万円 | 10万円 | 10万円 |
| 借主の有無 | 有 | 有 | 有 | 無 |
| 居住用不動産の家賃 | 10万円 | 10万円 | 10万円 | 0万円 |

## プロフィットシェアのホテルの場合：空室リスクは限りなく0！

| 部屋番号 | A室 | B室 | C室 | D室 |
|---|---|---|---|---|
| 家賃 | 10万円 | 10万円 | 10万円 | 10万円 |
| 借主の有無 | 有 | 有 | 有 | 無 |
| 居住用不動産の家賃 | 10万円 | 10万円 | 10万円 | 0万円 |
| ホテルの場合 | 7.5万円 | 7.5万円 | 7.5万円 | 7.5万円 |
| | ※4室合計30万円を4人でシェアする。（30万円÷4） | | | |

れるリスクは少なく、むしろ、家具をまとめ買いしている分安く購入できるケースも多いです。また、無料宿泊の特典がついている物件が多い点も魅力です。自分がフィリピンに旅行に行った時に、その物件に7泊無料や10泊無料といった形で泊まることもできます。収入源になる投資物件として所有することはもちろんですが、別荘感覚でも所有できるのが、ホテルタ

イプの不動産なのです。

ホテルのデメリットは大きく挙げると2つあると考えています。

1つ目は、物件をホテルとしてリース契約してしまうため、契約が切れるまでは自分がその物件に住むことはできないという点です。

2つ目は、購入するホテルによっては、想定していたよりも利回りが出ない可能性もある点です。当初「1泊このぐらいの宿泊料で貸します」と言っていたものの、実際にはホテルの運営会社の集客力が弱く、稼働率が下がってしまう可能性もあります。居住用不動産であれば他の管理会社を探すなどの対処法がありますが、ホテルの場合には管理会社が既に決まっているため、価格を自分でコントロールできない点はデメリットです。そのため、過去の実績や集客力のある、信頼できる管理会社を選ぶことが大切です。


オフィスの場合は、事務所の一室を購入しそれを法人や事業者に貸し出すことになります。

オフィスのメリットは、非常に多くの需要があることです。コロナ前は、首都圏マニラにはビジネスが集中しており、空きオフィスを見つけるのが困難なほど混んでいました。現在、コロナで一番打撃を受けているのがオフィスタイプですが、コロナ前は稼働率が96％だったことを考えると、やがて需要が戻ってくる可能性が高いでしょう。かつては「オフィスが建つ前から入札しないと入居できない」というほど、取り合いになるほど人気がありました。このように、オフィスは需要が大きく、空室リスクが低いという点が魅力です。

また、オフィスとして貸し出す場合、基本的にオーナー側で工事する必要はなく、入居する会社側で内装工事を入れるのが通例です。そのため、家具代などの工事費用を負担する必要はありません。借り手の会社も最初に内装工事のコストをかけて入居するため、基本的に長期間借りてくれるのです。さらに、オフィスは毎年賃料を上げるのが当たり前なので、年5~10%ほど家賃を上げても貸し手有利で交渉できる点も魅力です。

デメリットとしては、基本的に100平米を超えるような大型物件が多いため、物件価格は数千万円になってしまうことです。また、オフィスの利回りは他の2つのタイプに比べて下がります。ちなみに、利回りが高い順に並べると、ホテル>居住用>オフィスとなります。また、オフィスの貸付が得意な日系管理会社はあまり多くないため、大型物件を購入した時のリスクは当然高くなります。そして、広いオフィスになると、ある程度大規模の会社でなければ借りられないという問題も発生します。借り手が英語を話せるローカルな企業であれば一番良いのですが、そのためには英語で客付けできる業者に頼む必要があります。日系の企業に頼んだ場合は、英語が得意ではないため、英語圏の企業への客付けが難しくなってしまうのです。

これらのメリット、デメリットを併せて考えて、自分の予算や目的に応じて不動産のタイプを選ぶ必要があります。まとまった資金があればオフィスの購入を検討するのも良いでしょうが、客付け管理ができなかった際、金額が大きい分大きな痛手になるので慎重に物件を選ぶ必要があります。また、コロナで進んだテレワークにより昔ほど、オフィスへの需要が高まらないリスクも考慮しましょう。

以上、3種類の不動産のメリットとデメリットを説明してきました。もちろん、どの種類の不動産にも一長一短はありますが、総合的に考えると、やはりホテルが最も良い選択になると考えています。購入しやすい価格である点、プロフィットシェアのような安定的な家賃配当システムがある点、手離れの良さなどが大きな魅力です。

不動産の目的は「安定的に家賃収入を得る」ことです。せっかく不動産を購入できても、客付け管理ができなければ、負債になりかねません。実際に弊社にも、せっかく5年間かけて支払い不動産を手にしたのに、客付けができず困っているという居住用不動産やオフィスのオーナー様からのＳＯＳがよく飛び込みます。ほとんどの方は、「自分が住むため」「自分がオフィスに使うため」ではなく、不動産の上昇益と安定的なインカムを求めて投資しています。投資先としてあらゆる面を考慮すると、私は目的を果たせる物件としてはホテルという選択肢がベストだと考えています。

## 2－6 居住用不動産とオフィスの4つのリスクとは？

ここで、ホテル以外の居住用不動産とオフィスの４つのリスクについて考えてみます。

### 【1 客付け管理のリスク】

不動産に価値が生まれるのは「貸すことができるから」です。当然ですが、借り手に不動産を貸すことができて初めて賃料というインカムゲインを得られます。そのため、客付けができず借り手がいない物件は、収入が無くても固定資産税やassociation duesと呼ばれる共益費はかかるため、負債になってしまいます。仮に、不動産の価格が上がり含み益が出ていても客付けができないと赤字が続くため、精神的にも〝かなりの負債〟になります。

ロバート・キヨサキの『金持ち父さん貧乏父さん』では、資産は「ポケットにお金をいれてくれるもの」、負債は「ポケットからお金をとっていくもの」だと表現しています。客付けが出来なかった不動産は、まさにこの負債になってしまうのです。居住用不動産とオフィスでは、ホテルよりもこの負債になるリスクが高い点は考慮しておくべきだと思います。

さらに、フィリピンは高温多湿の気候なので、客付けができない状態が長く続くと、湿気で床板がめくれたり歪んだりしてしまいます。人が住んでいれば、エアコンをつけたり窓を開けて換気するため、そのようなことは起こりにくいのですが、人が住んでいない家は急速に傷んでいきます。しかも、管理会社によってはそのことをオーナーに報告せず、オーナーは物件の劣化を知らないまま、というケースもあります。物件が傷むと一層客付けができなくなり、転売の際にもリノベーション費用がかかるという悲劇を招くこともあるのです。

## 【2 言語のリスク】

使える言語によって、優良な管理会社を見つけられる確率が変わってきます。購入者が英語を話せる場合は管理会社の選択肢も多くなりますが、そうでない場合は要注意です。日系の管理会社の場合、それぞれの会社が得意とする地域が大体決まっているため、その会社の扱う地域外の物件を買ってしまうと客付けも難しくなります。また、「ディベロッパーが貸し付けしてくれる」と言っていたものの、その会社が管理してくれないこともよくあります。現地では英語で交渉する必要があるため、英語が話せないと不利な条件の契約を結ぶリスクもあります。選んだ管理会社によっては重大なトラブルが起こる場合もあり、管理会社は慎重に選ぶことが大切です。

ずさんな管理会社に頼むと同じ物件でも負債になったり、売却する際にも売れなくて困ることがあります。特に、慌てて物件を売って清算しようとしている時は要注意です。交渉相手に足元を見られやすく、物件価格が上昇していても安く買い叩かれることがあるからです。

居住用不動産やオフィスを購入する時は、誰もが欲しがる物件を選ぶ必要があります。つまり、「借り手がいるか」という賃貸需要の市場調査もしなければいけません。物件を購入して終わりではなく、客付けと売却までをどれだけシミュレーション出来るかが重要なのです。

### 【3　家具代の水増し請求のリスク】

先述したように、フィリピンの居住用不動産は家具を買い揃えて貸し付けるのが一般的です。つまり、貸し手である不動産オーナーが家具を購入して揃える必要があります。しかし日本人オーナーにとってフィリピンの家具の相場は分かりません。管理会社に家具の購入を任せた結果、料金を水増し請求されるリスクがあります。また、内装工事業者の選定に失敗すると、工期がどんどん遅れ、家賃を得るのが更に遅くなるリスクもあります。せっかく物件が竣工したのに、まだまだストレスを抱えることになりかねません。

### 【4　物件が「乗っ取られる」リスク】

水増し請求よりも悪質なケースとして、物件の「乗っ取り」のような被害もあります。例えば、管理会社から自分の物件には「誰も住んでいない」と報告され、管理費を払い続けていたのに、実際には管理会社の社員が住んでいたというケースです。

さらに、最も悪質なケースでは、不動産ブローカーがお客様の物件名義を勝手に自分名義に書き換え、他人に物件を売却していたというSOSが私のところに飛び込んできたこともあります。これは、購入者が信頼して契約した営業マンがSPA（Sales and Purchase Agreement）と呼ばれる契約書を悪用したことで起こりました。この契約書に「購入者がフィリピンに住んでいないため、管理会社に全てのサインを委任する」という内容が記載されているのに気づかずに、悪用されてしまったのです。そして、売却した代金は当然もとの不動産オーナーには支払われず、その営業マンの個人口座に入ってしまいます。もとの不動産オーナーが会社に問い合わせた頃にはその営業マンは辞めてしまっており行方も分からない…というケースです。日本人オーナーでは、フィリピンで裁判を起こすのも厳しいでしょう。なぜなら、フィリピンでは裁判官や弁護士の買収がよくあるからです。残念ながら、最後は泣き寝入りするしかなくなります。

特に居住用不動産とオフィスには、このようなリスクがあります。トラブルを避けるため、異国、異文化の中で不動産を購入する時は、管理会社の選択がより重要になります。「君子危うきに近寄らず」という言葉がありますが、怪しい管理会社には最初から近寄らないことが大切です。

## 2－7 英語圏で登記簿が出るのは安心材料

フィリピンで不動産を購入する場合のメリットは、建物だけでも登記簿が出ることです。登記簿があれば、法的にも不動産が自分の所有物だと認められるため、大きな安心材料になります。

不動産登記制度は、国によって異なります。日本や韓国では、土地と建物は別の不動産として扱われ、登記も別々で手続きが可能です。しかし、世界でも建物の登記が出ない国もあります。アメリカ、フランス、オーストラリアなどでは、建物は土地に付随していると考えるため、建物だけで登記や取引ができない制度になっています。（参考文献：国土交通省の資料 https://www.mlit.go.jp/common/001121686.pdf）

登記簿が出るまでは、さまざまな契約書を作成し、段階を踏んでいきます。不動産を購入する時、まず初めにＲＡ（reservation agreement）と呼ばれる契約書が出されます。次に、代金の20％ほどを払うとcontract to sellという、ＲＡよりもワンランク上の契約書に変わります。そして、購入代金を全額支払うとdeed of absolute salesという契約書になり、物件が実際に建つと、certificate of turnoverという契約書になります。物件が完成した後にようやく登記簿を取ることができます。物件によって時期は異なりますが、早ければ完成直後、遅くても完成してから約1～2年程度を目安に取得できます。

このように着実に手順を踏めば、全ての書類の名義が購入者になります。そして、契約書や登記簿を自分できちんと保有しておけば、権利を主張できるのです。

また、フィリピンの登記簿が英語で文書化されていることも安心だと思います。全て英語で文書化されているため、Google翻訳などで内容が確認できるからです。他の国では、登記簿がインドネシア語やベトナム語で書かれている場合もあります。私はエジプトでも不動産を購入しましたが、契約書がアラビア語で書かれていました。正直、アラビア語がさっぱり分からない私にとっては最初大きな不安を感じたものです。

以上のことを考慮すると、フィリピン不動産の購入時に馴染みのある英語で書かれている登記簿が取れることは、大きな安心材料です。

## 2−8 総合的に判断するとフィリピンホテル投資がベスト

フィリピンは国全体が成長しているため、フィリピン不動産購入には大きなチャンスがあるとお伝えしました。ただ、ここで大切なポイントがあります。繰り返しになりますが、「フィリピン不動産ならどんな物件でも良い」というわけではありません。

あらゆる角度から多面的に判断した結果、多くのフィリピン不動産の中でも、私は「ホテル物件への投資」が良いと考えています。

その理由の一つに、住民のトラブル対応などの管理が不要な点があります。通常の居住用不動産の場合、家具や水道が壊れた場合に対応が必要になります。さらに、海外不動産の場合、壊れた家具の修理や買い換えに関しても、管理会社からの不当な高額請求を受けるリスクがあります。その点、ホテルの場合、トラブル対応や家具の購入もホテル側が対処してくれます。宿泊客のニーズを満たしたハイセンスな家具を選んでくれることでしょう。このように、竣工してしまえばホテルが稼働する限り、オーナー側でやる作業は特にありません。

そして、大きな魅力は「ストレスフリーである」ことです。住民トラブルに対応する必要がないだけでなく、収入面でも精神的な安定が得られます。プロフィットシェア型のホテルでは自身の部屋が空室か満室か関係なく、ホテル全体の稼動率に応じて家賃を得られます。つまり、居住用不動産やオフィスのように、「入居者の客付けに苦戦し、ずっと支払いだけが続き収入を得られない」という精神的負荷がないのです。ホテルの場合、当然ながら宿泊客はホテルが集めてくれます。そのため、オーナーが客付けする必要がありません。「なかなか入居者が決まらずに、家賃が3カ月入らなくて焦ってきた…」といった不安がないのです。この精神面のメリットは、すでに居住用不動産のオーナーの方にとっては、理解して頂けると思います。

これまでの話を聞いて、「ホテルだと、コロナで収益が減っているのでは?」と感じる方も当然いると思います。確かに、コロナで打撃を受けたホテルもあります。ただ、その点も考慮して、最初からフィリピンでも隔離病棟などの施策の対象になるホテルを選んでおけば、リスク回避が可能です。特に、政府とタイアップしているホテルや、疫病などでの隔離病棟に指定されているホテルなどが狙い目です。もちろん、情報収集は必要になりますが、コツがわかれば大した時間はかかりません。

とはいえ、ホテルですから稼働しないと収入がないため、リスクはゼロではありません。ただ、成否を分けるのは立地が9割です。そのため、購入前の周辺競合ホテルのリサーチが大切になってきます。もし仮に、周辺に強力な競合になり得る新しいホテルが建設するという情報が入った場合、その競合ホテルが竣工する前に売却することで、リスクを回避できます。ホテル物件は希少価値が高いので、中古物件でも転売しやすい傾向にあり、価格が下がって損する可能性は低いと言えるでしょう。私のコミュニティでは、実際に私も購入している優良なホテル物件の情報をお伝えしています。

このように、複眼的にデータを集めた上で、総合的に判断すると、やはりフィリピンのホテルは大きな可能性を秘めていると言えます。私は、金融の専門家ですが、株式投資や様々な案件に投資してきた投資家としての立場からも、フィリピンホテルは超優良な投資対象だと考えています。

投資の目的が「自分で住む」「フィリピンでビジネスをする」こと以外なら、ホテルがベストだと考えています。なぜなら、高利回りの安定的な収入があり、ストレスがなく、キャピタルゲインも狙えるからです。そして、しっかり管理と集客をしてくれる運営会社を選んでおけば、丸投げで利益が上がるからです。

フィリピンホテルの大きなメリットは、管理不要で高利回りであるだけでなく、何より売却という出口戦略もあり、自由度が高い点です。特に、過去に投資経験のある方ほど、このメリットの重要性を理解してもらえるのではないでしょうか？

第3章

# フィリピンホテル投資で“手堅く”お金を増やす方法

# 3－1 「ドットプロパティ、ラムーディィ」でホテル物件を検索しよう

前章では、フィリピンホテルの魅力について、様々な角度からお伝えしました。本章では、フィリピンホテルを購入する際の最初のステップについて書いていきたいと思います。

まず、前提として、建設前のホテルの情報は世の中にほとんど出回っていないということをご理解ください。なぜなら、ホテルのワンルームを区分所有するということ自体が新しいコンセプトだからです。そして、私の個人的な感覚では、フィリピン不動産の物件数の全体を10割とすると、６割が居住用不動産、３割がオフィス物件、１割がホテル物件のイメージです。

そのため、インターネット検索で魅力的なホテルの情報に出会えたら本当にラッキーです。宝探しぐらいの気持ちで検索してみると良いと思います。英語が得意な方だったら、英語で不動産会社に問い合わせすることもできるでしょう。また、フィリピン在住の知り合いがいる方や、フィリピンに勤務経験のある友人、ＳＮＳでフィリピン人とつながっている方だったら、その人脈を活用するのも良いと思います。

フィリピンにまったくご縁のない方は、まずはインターネットで調べるのがお勧めです。

フィリピンの物件情報をインターネットで調べる方法は、不動産検索サイトを活用します。主な不動産検索サイトには、ドットプロパティ（https://www.dotproperty.com.ph/）やラムーディ（https://www.lamudi.com.ph/）があります。これは、日本で言う「健美家」に近いサイトで、買いたい人専門の売り物件の情報を無料で見ることができます。

当たり前ですが、常に意識すべきなのはホテルやオフィス、居住用不動産でも同じですが、物件を安く買うということです。高く買ってしまうと、当然、利回りも低くなります。さらには、利回りの低い物件を買ってしまっては、不動産の魅力が下がるので、転売もできずに困ることになるのです。当たり前ですが、不動産の基本は「安く仕入れて高く売る」です。本当に大切なことなので、もう一度しっかり心に刻み込んでおきましょう。

実際に、ラムーディで自分が欲しいホテルを見つける方法を見て行きましょう。

## 【ラムーディの使い方】

Googleなどの検索窓で「Lamudi」と検索し、Philippine（フィリピン）を選択しましょう。

1.【Lamudi】で検索

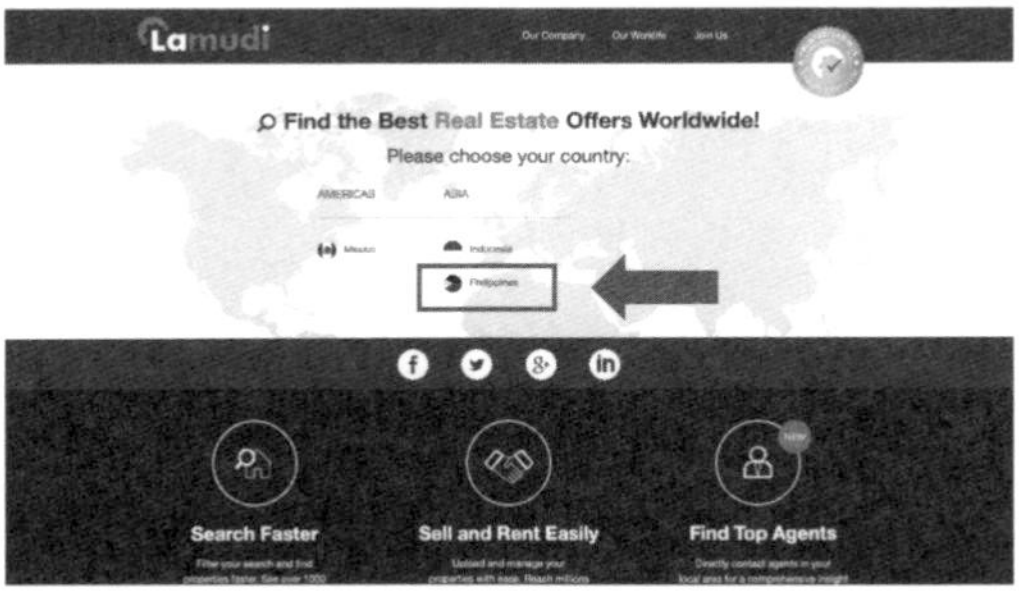


2.【Philippine】をクリック

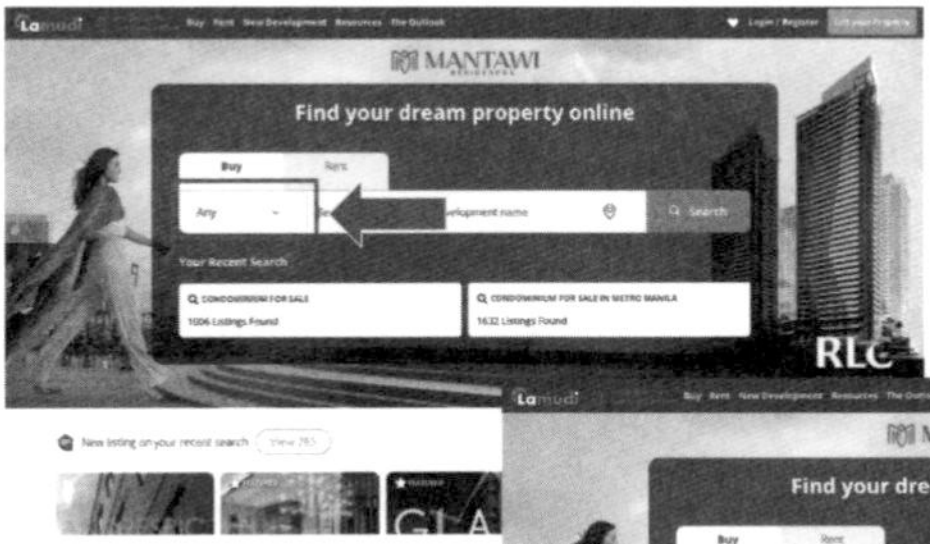


3.【Any】をクリック

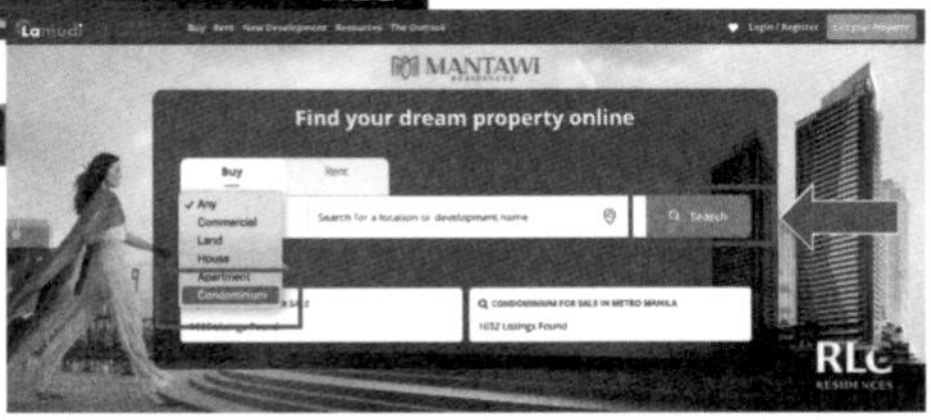


4.【Condominium】を選択し
【Search】をクリック

フィリピンを選択すると、図3のような画面ができます。

BUY（購入）のAny（すべて）が初期設定されていますので、Condominium（コンドミニアム　分譲マンション）を選択してSearchをクリックすると物件情報が出てきます。

この状態ではホテル情報以外もでてきてしまいますので、フィルターをかけてさらに絞り込みを行います。

そのためには、More Filter（フィルタリングを行う）をクリックします。そしてSubcategories（サブカテゴリー）欄をCondotel（コンドミニアム　ホテルの略）にしましょう。

さらに気になるエリアがある場合は、図6と図7のように、【LOCATION】に地名を入れます。

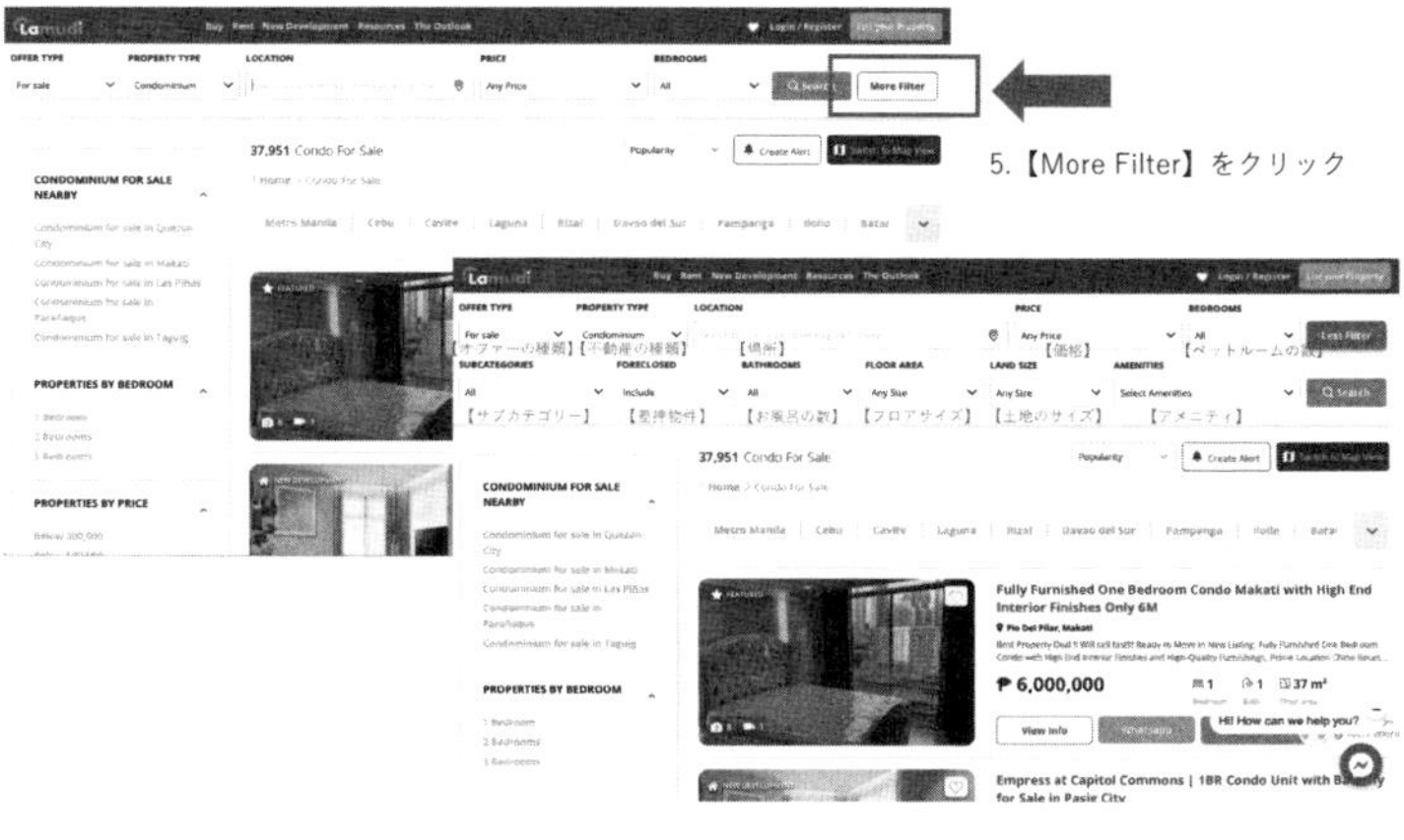

このように探して気になる物件がありましたら、チェックしましょう！

まずは、フィリピンホテル購入の最初のステップは、自分が気になったホテルを見つけることです。そして、ディベロッパーに問い合わせて買いたいホテルに関する情報を入手しましょう。ただ、ウェブサイトのカテゴリーの区分化が上手く機能しておらず、CONDOTEL（ホテル物件）を探しても、関係のない物件が表示されることも多いです。最終的には目で追いかけるしか術がない点に、ご注意下さい。

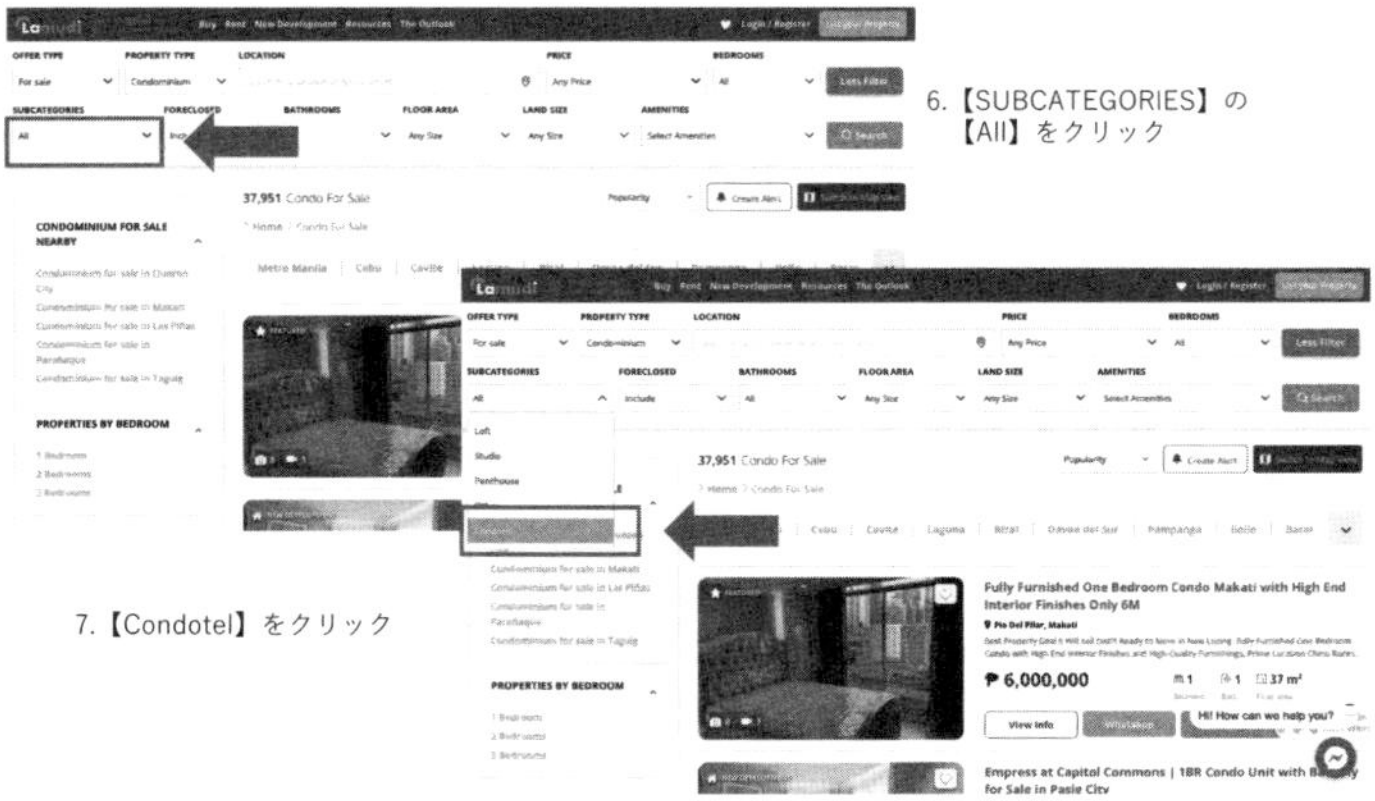
6.【SUBCATEGORIES】の【All】をクリック
7.【Condotel】をクリック

8.エリアを絞る場合は【LOCATION】に地名を入れる

例：マニラの場合
【metro manila】と入力し
エリアをクリックする

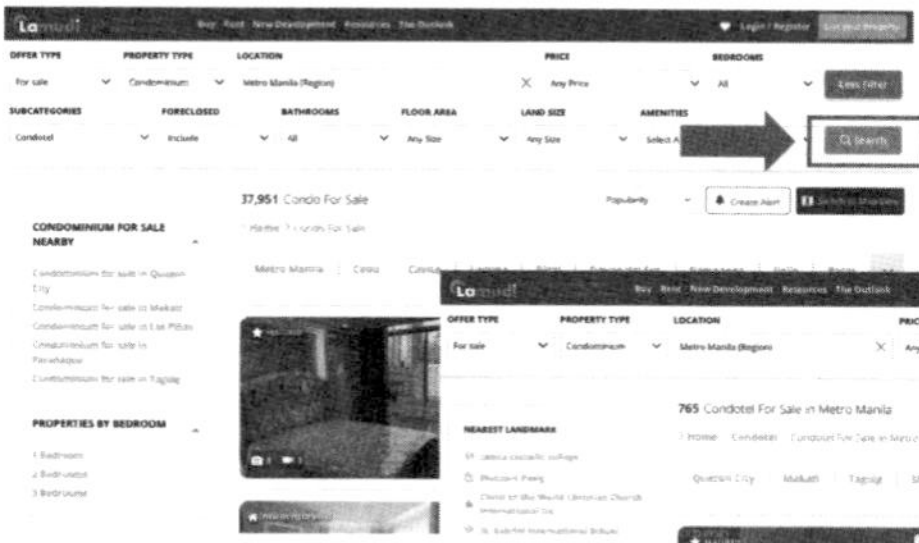

9.【Serch】をクリック

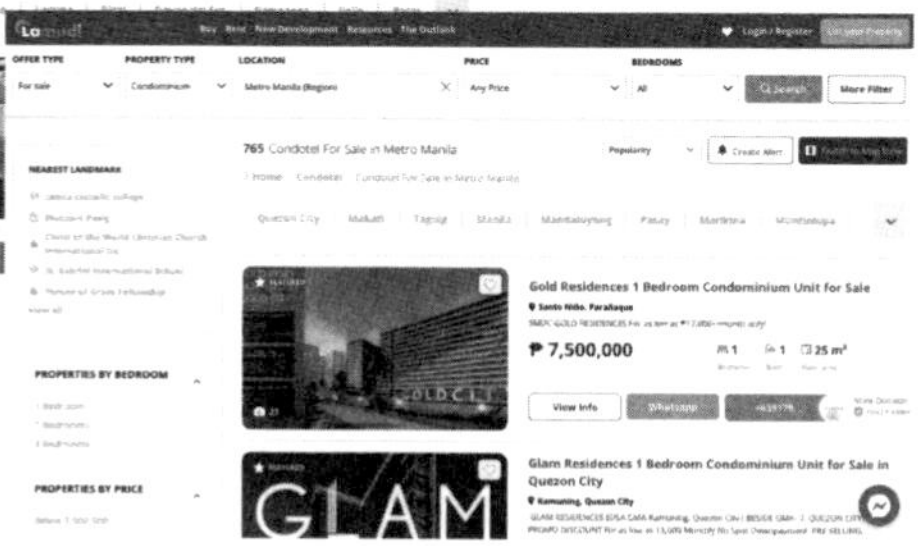

10.興味のある物件を探す

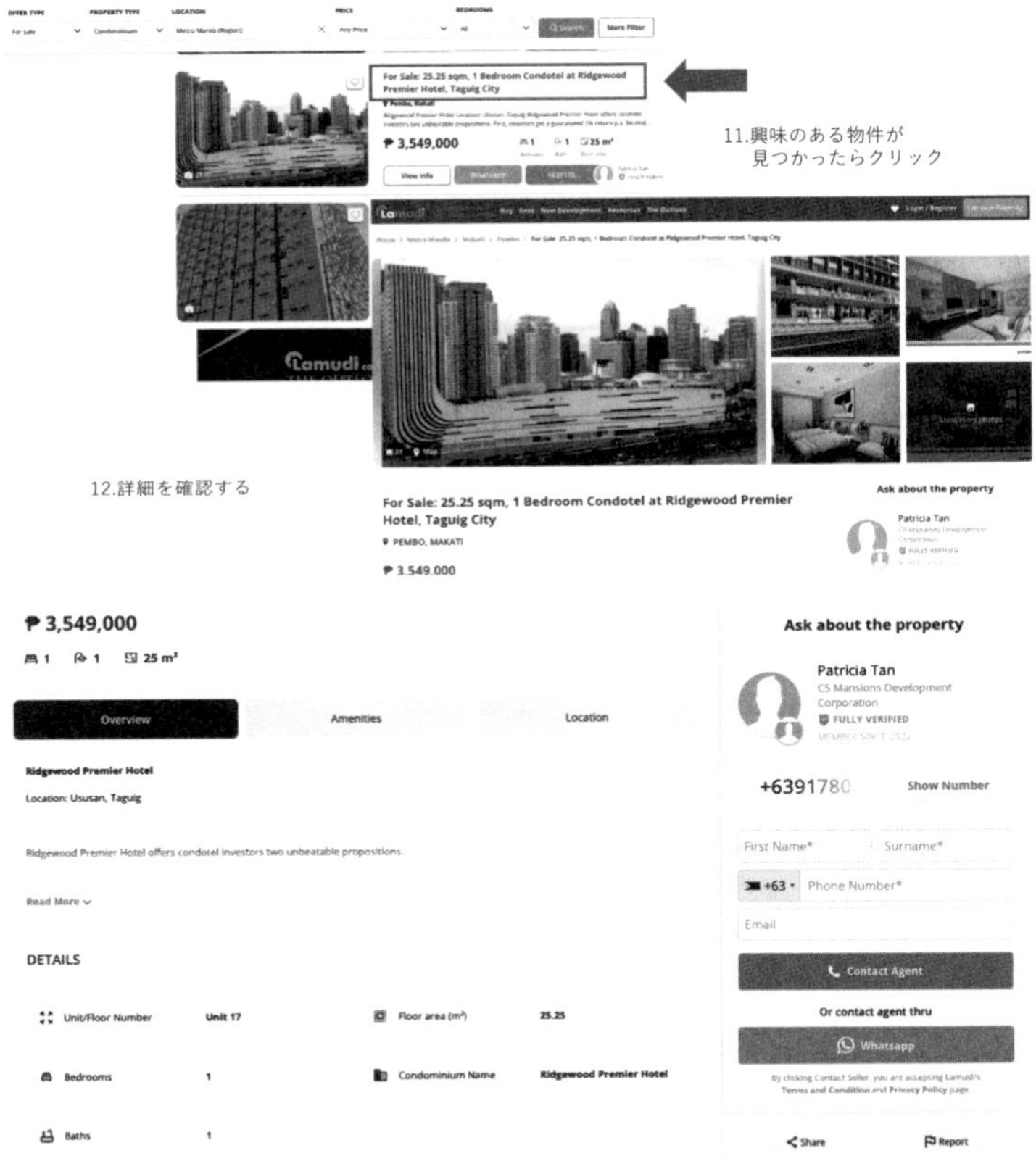
For Sale: 25.25 sqm, 1 Bedroom Condotel at Ridgewood Premier Hotel, Taguig City
₱ 3,549,000
11.興味のある物件が
見つかったらクリック
12.詳細を確認する
For Sale: 25.25 sqm, 1 Bedroom Condotel at Ridgewood Premier Hotel, Taguig City
PEMBO, MAKATI
Ask about the property
Patricia Tan
₱ 3,549,000
1 1 25 m²
Overview
Amenities
Location
Ridgewood Premier Hotel
Location: Ususan, Taguig
Ridgewood Premier Hotel offers condotel investors two unbeatable propositions.
Read More
DETAILS
Unit/Floor Number Unit 17
Floor area (m²) 25.25
Bedrooms 1
Condominium Name Ridgewood Premier Hotel
Baths 1
Ask about the property
Patricia Tan
CS Mansions Development Corporation
FULLY VERIFIED
+6391780
Show Number
First Name*
Surname*
+63
Phone Number*
Email
Contact Agent
Or contact agent thru
Whatsapp
Share
Report

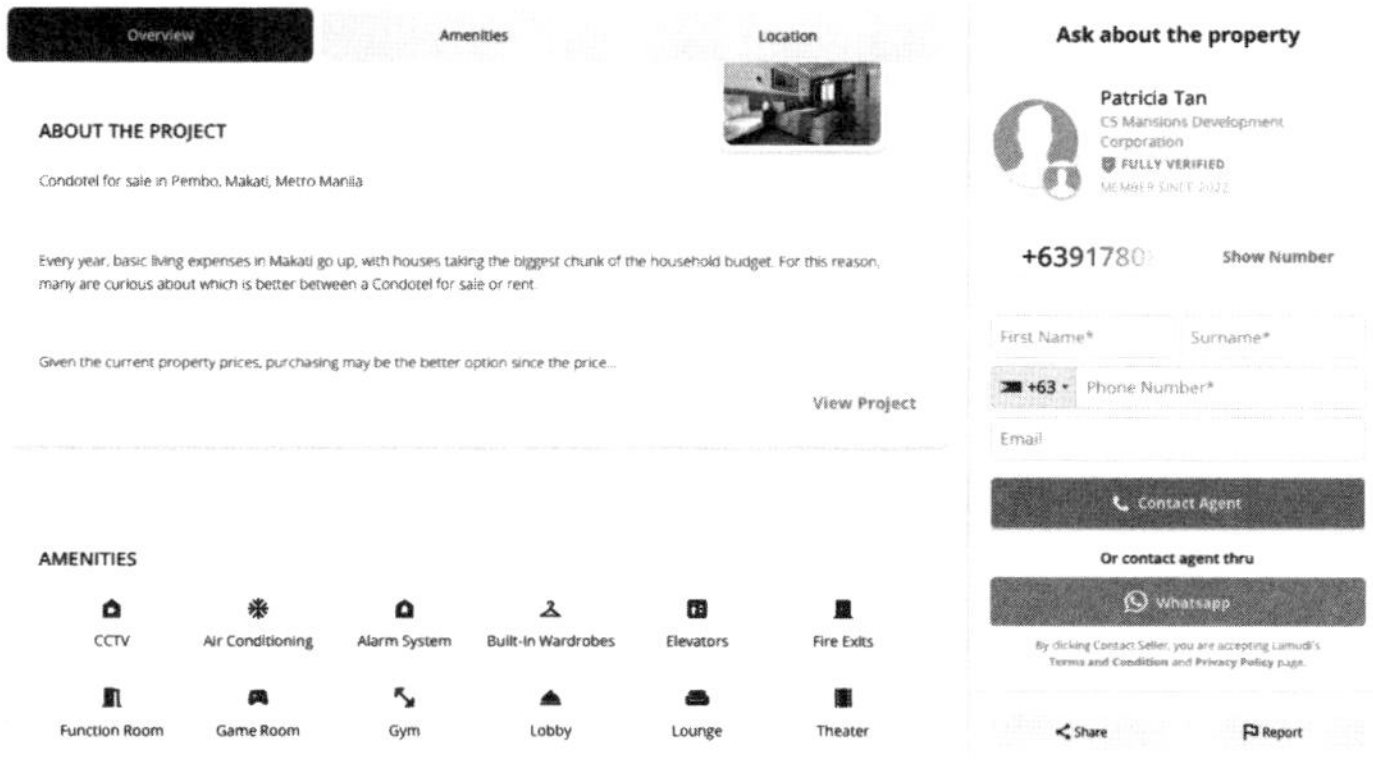

## 3−2 ディベロッパーに想定利回りを聞こう

ドットプロパティやラムーディで購入したいホテルを見つけたら、今度はディベロッパーに問い合わせをします。気になる物件があったら、サイト上にディベロッパーの会社名と担当者名が書いてあるので、英文のe-mailやWhatsAppなどで問い合わせます。英語の苦手な方は、日本語で質問文を作り、Ｇｏｏｇｌｅ翻訳やその他翻訳ツールを活用して英文を作ってみましょう。

例えば、「このエリアの○○ホテルの購入を検討しているのですが、詳しい資料をもらえますか?」のような日本語を英語にして、問い合わせます。そうすると、ディベロッパーからプレセールの購入金額、1泊の宿泊費、稼働率、想定利回りなどが載っている資料を入手できます。

よくある資料は、ディベロッパー側で1日の宿泊費が5000ペソ、4000ペソ、3000ペソの3パターンぐらいの想定利回りを算出したデータが書いてあります。そして、同時に稼働率が90%の時、80%の時70%の時の想定利回りなどが記載されていることが多いで

# 不動産の利回りシミュレーション例

| DESCRIPTION | AVE. DAILY RATE @ P4,000 BY 2027 | | AVE. DAILY RATE @ P4,500 BY 2027 | | AVE. DAILY RATE @ P5,000 BY 2027 | |
|---|---|---|---|---|---|---|
| | OCCUPANCY RATE AT | | OCCUPANCY RATE AT | | OCCUPANCY RATE AT | |
| | 80% | 85% | 80% | 85% | 80% | 85% |
| Total # of Rooms | 150 | 150 | 150 | 150 | 150 | 150 |
| Ave. Daily Rate by 2025 | 4,000.00 | 4,000.00 | 4,500.00 | 4,500.00 | 5,000.00 | 5,000.00 |
| Gross Sales Per Day | 480,000.00 | 510,000.00 | 540,000.00 | 573,750.00 | 600,000.00 | 637,500.00 |
| # of Days in a Year | 365 | 365 | 365 | 365 | 365 | 365 |
| Total Gross Sales per Year | 175,200,000.00 | 186,150,000.00 | 197,100,000.00 | 209,418,750.00 | 219,000,000.00 | 232,687,500.00 |
| Less : Operating Expenses | | | | | | |
| Operating Expenses | 104,362,397.41 | 110,494,397.41 | 116,626,397.41 | 123,524,897.41 | 128,890,397.41 | 136,555,397.41 |
| Rental Pool Income per Year | 70,837,602.59 | 75,655,602.59 | 80,473,602.59 | 85,893,852.59 | 90,109,602.59 | 96,132,102.59 |
| ADD : 10 Usable Days | 6,000,000.00 | 6,000,000.00 | 6,000,000.00 | 6,000,000.00 | 6,000,000.00 | 6,000,000.00 |
| Total Rental Pool Income/Year | 76,837,602.59 | 81,655,602.59 | 86,473,602.59 | 91,893,852.59 | 96,109,602.59 | 102,132,102.59 |
| Total Area of SA Units | 5072.16 | 5072.16 | 5072.16 | 5072.16 | 5072.16 | 5072.16 |
| Rental Pool Income/sqm/Year | 15,148.89 | 16,098.78 | 17,048.67 | 18,117.30 | 18,948.46 | 20,135.82 |
| Area | 28.85 | 28.85 | 28.85 | 28.85 | 28.85 | 28.85 |
| **Total Income** | **437,045.53** | **464,449.89** | **491,854.25** | **522,684.15** | **546,662.97** | **580,918.42** |
| **Total Selling Price** | **7,087,560.00** | **7,087,560.00** | **7,087,560.00** | **7,087,560.00** | **7,087,560.00** | **7,087,560.00** |
| **ROI** | **6.2%** | **6.6%** | **6.9%** | **7.4%** | **7.7%** | **8.2%** |

| DESCRIPTION | 1日平均4000ペソで貸し付けたとき<br>AVE. DAILY RATE @ P4,000 BY 2027 | | 1日平均4500ペソで貸し付けたとき<br>AVE. DAILY RATE @ P4,500 BY 2027 | | 1日平均5000ペソで貸し付けたとき<br>AVE. DAILY RATE @ P5,000 BY 2027 | |
|---|---|---|---|---|---|---|
| | 稼働率 OCCUPANCY RATE AT | | OCCUPANCY RATE AT | | OCCUPANCY RATE AT | |
| | 80% | 85% | 80% | 85% | 80% | 85% |
| Total # of Rooms | 150 | 150 | 150 | 150 | 150 | 150 |
| Ave. Daily Rate by 2025 | 4,000.00 | 4,000.00 | 4,500.00 | 4,500.00 | 5,000.00 | 5,000.00 |
| Gross Sales Per Day | 480,000.00 | 510,000.00 | 540,000.00 | 573,750.00 | 600,000.00 | 637,500.00 |
| # of Days in a Year | 365 | 365 | 365 | 365 | 365 | 365 |
| Total Gross Sales per Year | 175,200,000.00 | 186,150,000.00 | 197,100,000.00 | 209,418,750.00 | 219,000,000.00 | 232,687,500.00 |
| Less : Operating Expenses | | | | | | |
| Operating Expenses | 104,362,397.41 | 110,494,397.41 | 116,626,397.41 | 123,524,897.41 | 128,890,397.41 | 136,555,397.41 |
| Rental Pool Income per Year | 70,837,602.59 | 75,655,602.59 | 80,473,602.59 | 85,893,852.59 | 90,109,602.59 | 96,132,102.59 |
| ADD : 10 Usable Days | 6,000,000.00 | 6,000,000.00 | 6,000,000.00 | 6,000,000.00 | 6,000,000.00 | 6,000,000.00 |
| Total Rental Pool Income/Year | 76,837,602.59 | 81,655,602.59 | 86,473,602.59 | 91,893,852.59 | 96,109,602.59 | 102,132,102.59 |
| Total Area of SA Units | 5072.16 | 5072.16 | 5072.16 | 5072.16 | 5072.16 | 5072.16 |
| Rental Pool Income/sqm/Year | 15,148.89 | 16,098.78 | 17,048.67 | 18,117.30 | 18,948.46 | 20,135.82 |
| Area | 28.85 | 28.85 | 28.85 | 28.85 | 28.85 | 28.85 |
| **Total Income** | **437,045.53** | **464,449.89** | **491,854.25** | **522,684.15** | **546,662.97** | **580,918.42** |
| **Total Selling Price** | **7,087,560.00** | **7,087,560.00** | **7,087,560.00** | **7,087,560.00** | **7,087,560.00** | **7,087,560.00** |
| **ROI** | **6.2%** | **6.6%** | **6.9%** | **7.4%** | **7.7%** | **8.2%** |

左）稼働率80%の時の利回り

右）稼働率85%の時の利回り

左）稼働率80%の時の家賃収入

右）稼働率85%の時の家賃収入

## 101ホテル セブの例（稼働率30～100％で記載）

### Revenue Share Projections

**REVENUE SHARE PROJECTIONS**

| | | | |
|---|---|---|---|
| Unit Price: | ₱ 5,750,000.00 | Number of Rooms: | 548 |
| Assumed Daily Rate: | ₱ 5,000.00 | Unit Owner's Share in Revenue: | 30% of Gross Revenues |

| Occupancy Rate | Projected Monthly Income/Unit | Projected Annual Income/Unit | Unit Owner's 30% Share in Gross Revenues | Plus: Value of 10 nights/year free use | Projected Annual Yield/Unit | Annual Rate of Return |
|---|---|---|---|---|---|---|
| 100% | ₱150,000.00 | ₱1,800,000.00 | ₱540,000.00 | ₱50,000.00 | ₱590,000.00 | 11.24% |
| 95% | ₱142,500.00 | ₱1,710,000.00 | ₱513,000.00 | ₱50,000.00 | ₱563,000.00 | 10.72% |
| 90% | ₱135,000.00 | ₱1,620,000.00 | ₱486,000.00 | ₱50,000.00 | ₱536,000.00 | 10.21% |
| 80% | ₱120,000.00 | ₱1,440,000.00 | ₱432,000.00 | ₱50,000.00 | ₱482,000.00 | 9.18% |
| 70% | ₱105,000.00 | ₱1,260,000.00 | ₱378,000.00 | ₱50,000.00 | ₱428,000.00 | 8.15% |
| 60% | ₱90,000.00 | ₱1,080,000.00 | ₱324,000.00 | ₱50,000.00 | ₱374,000.00 | 7.12% |
| 50% | ₱75,000.00 | ₱900,000.00 | ₱270,000.00 | ₱50,000.00 | ₱320,000.00 | 6.10% |
| 40% | ₱60,000.00 | ₱720,000.00 | ₱216,000.00 | ₱50,000.00 | ₱266,000.00 | 5.07% |
| 30% | ₱45,000.00 | ₱540,000.00 | ₱162,000.00 | ₱50,000.00 | ₱212,000.00 | 4.04% |

*Monthly revenue share is deposited in the Unit Owner's assigned bank account on the 16th day of the succeeding month.
Figures presented are projections and estimates. Historical performance is not a basis for future performance. Monthly and annual income shall depend on actual operational results.

す。

このような資料を出さないディベロッパーからは、物件を買うことはおすすめしません。相手も仕事でやっているので、自分たちが運営するホテルの収益は緻密に計算していて当然だからです。その収益からお客さんに分配するわけですから、その時点で信頼できないディベロッパーだと考えて良いと思います。

仮に資料にデータがなくても、ディベロッパーに想定利回りを聞いた時に、宿泊費や稼働率の回答が出てこない会社は、ザル勘定だといえます。その時点で、そのディベロッパーからのホテルの購入は避けるべきでしょう。

そして、ディベロッパーから入手した資料の情報が本当に現実的かどうかを自分で調べる必要があります。なぜなら、ディベロッパーも物件を売りたいので、１泊の宿泊費を高めに設定し、想定利回りが明らかに高過ぎるケースもあるからです。当然、想定利回りが高い方が顧客からすると魅力的な物件に見えるため、売りやすくなります。

しかし、実際ふたを開けてみたら想定利回りよりも全然低くて泣きを見るというケースもあります。そのような悲劇を生まないように、自分でディベロッパーが出してきた想定利回りが現実的かどうかを調べる必要があります。

これ以降は、ディベロッパーが出してきた資料を自分で正しいかどうか確認する作業になります。自分で確認できるようになれば、様々なディベロッパーから資料をもらった時に、信用できるディベロッパーなのかを判断できます。その結果、高過ぎる金額でホテルを買ってしまう失敗が減るでしょう。最初は難しく感じるかもしれませんが、ここはフィリピンホテル購入の肝心な部分なのでポイントを理解してもらえたらと思います。

## 3－3　エリアの競合ホテルの数と宿泊費を調べておく

無事にディベロッパーから買いたいホテルの物件資料を入手したら、何をすれば良いのでしょうか？　次のステップは、買いたいホテル物件のあるエリアの競合ホテルの数を調べることと宿泊費の相場を調べる必要があります。

まず、買いたいホテルの周辺エリアにある競合ホテルの数を調べる方法を教えます。これは、Ｇｏｏｇｌｅマップを使えば意外と簡単に調べられるので、実際にやってみて下さい。

例えば、Ｇｏｏｇｌｅマップにマカティシティ（makati city）と入力し、検索ボタンを押します。すると、マカティシティのエリア全体が表示されます。その後、makati cityを削除し、hotelと入力すると、マカティシティ内にある多くのホテルの宿泊費が表示されます。宿泊費の場所にカーソルを合わせると、ホテル名を調べることができます。例えば、「ディスカバリー プリメアという5つ星ホテルが、6月3日から6月4日までの1泊22，792円で宿泊できる」という情報が入手できるのです。

このとき、押さえておきたいポイントは3つあります。それは、競合ホテルの数、ホテル

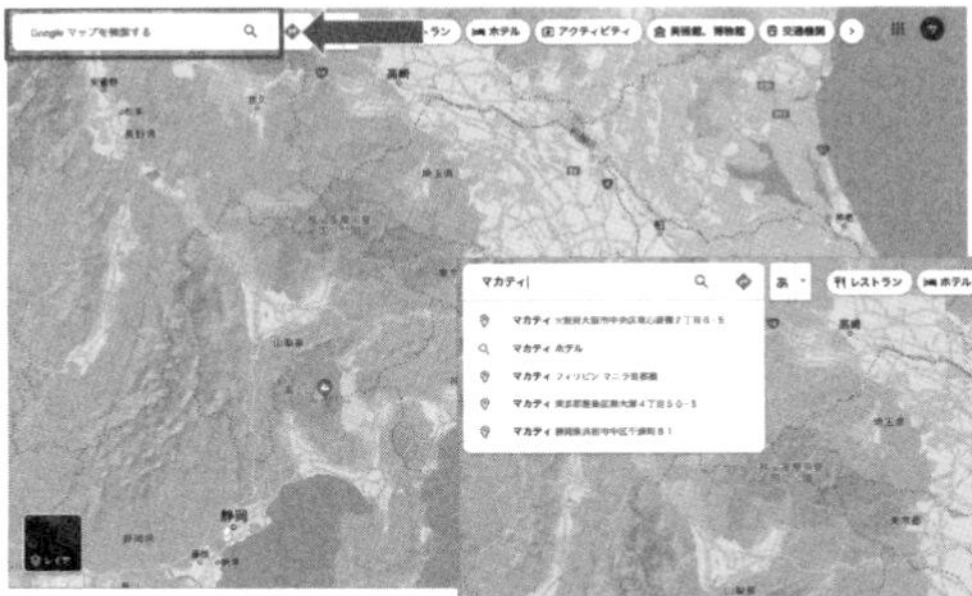

1.調べたいエリアを入力する

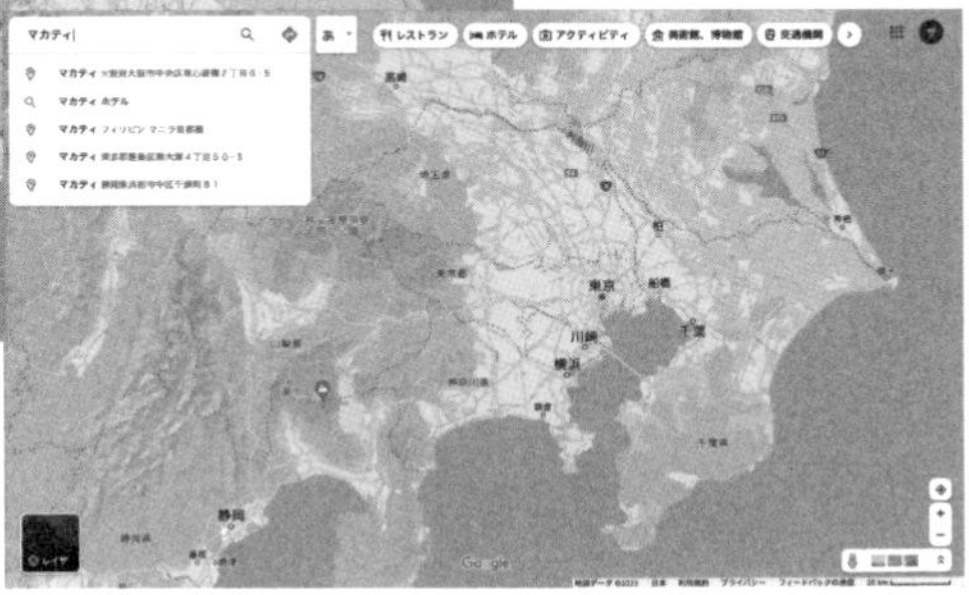


例：マカティの場合

2.マカティの地図が表示される

3.【ホテル】と検索する

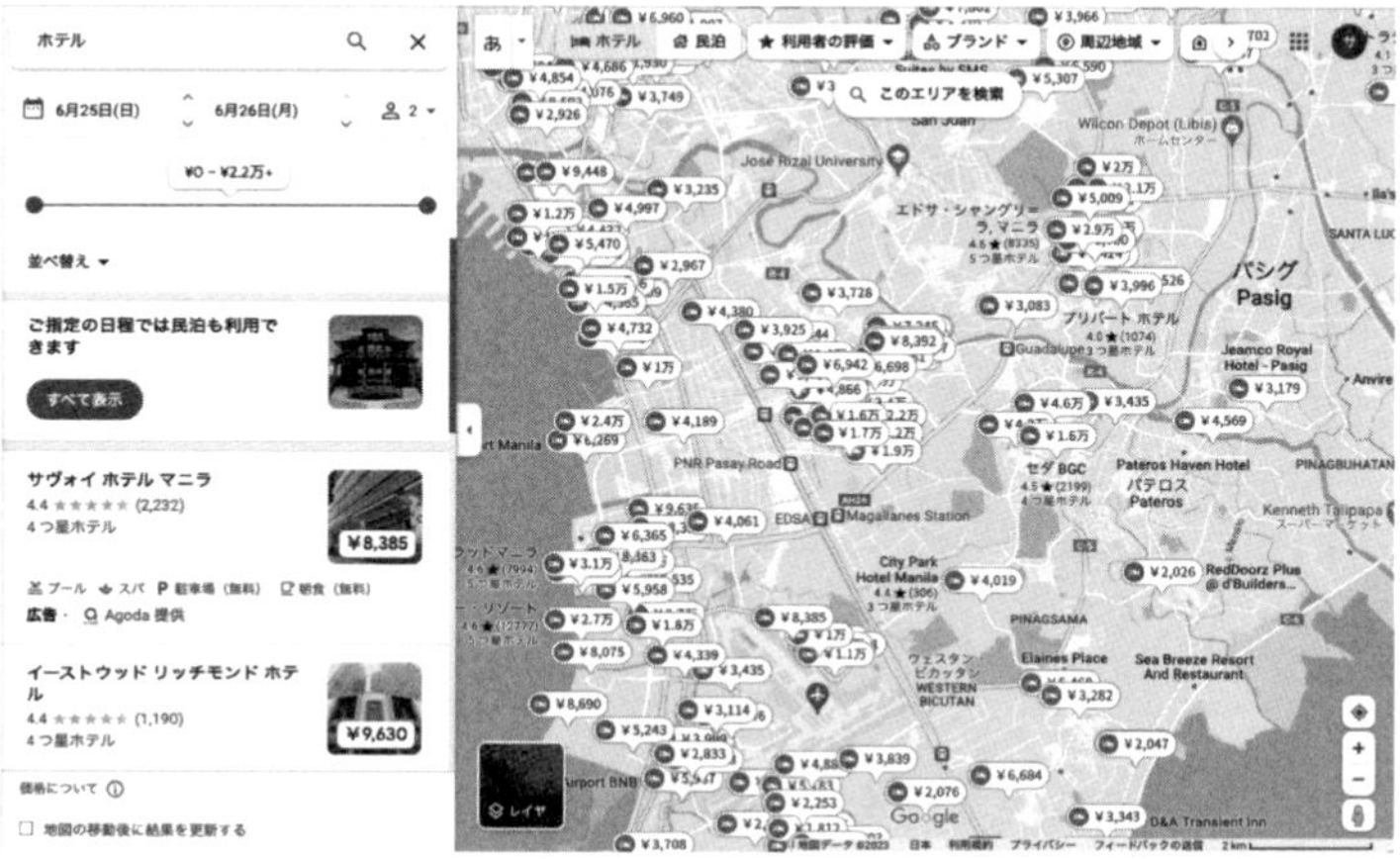


4.周辺のホテルの価格が表示される

のグレード、宿泊費を調べることです。

まず、買いたいホテルの周辺に競合ホテルの数が何個あるかは、Ｇｏｏｇｌｅマップから数えられます。マカティシティの場合はエリアが広いので、およそ周辺１km以内のホテルの個数を数えれば良いと思います。

次に、ホテルのグレードを見ます。あなたの買いたいホテルのグレードが３つ星、４つ星、５つ星なのかをディベロッパーに確認しておきましょう。もしくは、ディベロッパーから入手した買いたいホテルの宿泊費から、「だいたい４つ星ホテルのグレードを目指している」などがわかるかもしれません。いずれにしても、自分のホテルのグレードが４つ星などとわかったら、周辺の４つ星ホテルの数を数えておきましょう。

最後のポイントは、競合ホテルの1泊の宿泊費を調べることです。ここで、注意点があります。まず、自分の購入したいホテルと同じグレードのホテルの宿泊費を調べることです。さらに、ホテルの宿泊費には季節変動があるため、その部分を考慮することです。日本でも年末年始やゴールデンウィークだと宿泊費が高くなる傾向があります。同じく、フィリピンでもホーリーウィークと言われる4月の長期休暇と4月から5月の夏休みは、宿泊費が通常より高くなります。そのため、Ｇｏｏｇｌｅマップでその時期の宿泊費を調べても、年間平均とは差が出てしまうので注意が必要です。

さらに、普通の時期でも、平日と休日では宿泊費に差があります。例えば、平日の月火水の2泊3日、週末の金土日の2泊3日の宿泊費を調べて、1日あたりの宿泊費を計算すると良いと思います。そこから、そのホテルの1カ月間の宿泊費を30で割って、1日あたりの平均宿泊費を調べることができます。

ただ、私はあまり神経質になる必要はないと考えています。というのは、ホテル物件は、中古がなかなか出回らず、分割払い等ができることを加味してプレセールの物件を買う方が多いと思うので、実際に建設されるのは4年後や5年後の未来の話だからです。現在のフィリピンは、急激に経済成長をしているため、少し前まで更地だった場所に高層ビルが建ったりしています。どれだけ正確に宿泊費を計算したところで、周りの環境や為替も動くので、あくまで現時点での参考値でしかありません。当然、これからブレイクするエリアもあるわけです。

エリア選定の考え方ですが、私は周辺に競合ホテルの数が少ないエリアが良いと考えています。やはり競合が少ないと泊まってもらえる確率も上がりますし、利回りが高くなります。また、観光客だけが宿泊するエリアでは、季節や天候によって宿泊者数の変動が激しくなるので、ビジネス出張者と観光客を両方獲得できるエリアに絞っていきましょう。

色々と書きましたが、あなたが買いたいホテルの周辺にある競合ホテルの数やおよその宿泊費の相場をつかんでもらえたら大丈夫です。あくまでも、ディベロッパーが提示してきた1泊の宿泊費と想定利回りが現実的かどうかを判断出来れば良いのです。騙されないために、こちらも相場を知っておくと守りが堅くなるということです。

## 3－4 1日あたりの宿泊費から想定利回りを計算する

購入を検討しているホテルが、本当にディベロッパーが出してきた宿泊費や想定利回りが取れるのかを自分で確認する作業が大切です。そのため、周辺の同じグレードのホテルの宿泊費を参考にあなたの買いたいホテルの想定利回りを計算する必要があります。

この作業をやらないと、ディベロッパーが高く見積もった想定利回りを信じてしまい、実際には大幅に利回りが低いホテルを買って、痛い目を見ることになるからです。

例えば、同じエリアで同じグレードの競合ホテルの年間の平均宿泊費が1泊5000ペソだと仮定しましょう。このとき、稼働率が100％の場合、5000ペソ×30日＝月150、000ペソの売上になります。ただ、30日間フル稼働することは現実的ではないので、稼働率90％で計算すると、5000ペソ×27日＝月135、000ペソの売上になります。さらに、稼働率80％だと月120、000ペソ、稼働率70％だと月105、000ペソの売上です。

それぞれ年間の売上にすると、稼働率100％で180万ペソ、90％で162万ペソ、

80％で１４４万ペソ、70％で１２６万ペソになります。この競合ホテルの年間売上と買いたいホテルの年間売上を比較してみてください。大きな差がないかどうかを確認します。

大切なポイントは、稼働率が厳しい状態でもある程度の利回りが出ることです。

## 3－5　利回り８％以上なら買い付けのＧＯサイン！

買いたいホテルのエリアにホテルの数が少なく、エリア的にも発展すると値上がりも期待ができます。さらに、宿泊費も計算したうえで、ディベロッパーが出してきた想定利回りを厳しく見積もっても、利回り８％以上が得られるなら、そのホテルは買ってもいいと思います。

なぜなら、日本国内でも利回り８％以上で回る不動産や投資案件は少ないからです。さらに、ほとんど何もしないで利回り８％で回る資産は驚異的です。

例えば、ディベロッパーの資料で１泊５０００ペソの宿泊費で稼働率８割で計算し、想定利回りが12％だと提示してあったとします。ディベロッパーは４つ星ホテルだと想定しているが、シビアに見るとどう考えても3つ星ホテルのグレードだと感じた場合、1泊4000ペソで計算し直してみるといいでしょう。そうすると、4000÷5000＝0.8なので、宿泊費が80％になっているため、利回りは12×0.8＝9.6％になるわけです。

さらに、稼働率8割の場合、稼働率6割だったら想定利回りが何％になるかも計算しておくと安心です。6÷8＝0.75なので、利回りは12×0.75＝9％になります。

大切なことは、ディベロッパーが出してきた数字を鵜呑みにせず、2割減だったとしても利回りが8％を超えるかどうかです。どれだけ悪く見積もったとしても利回り6％は欲しいと考えています。その理由は、やはり海外ホテルを買うと為替の差額により利回りが上がることもあれば下がることもあるからです。為替が下がっても十分利益を上げようと思えば、やはり利回り5％だとうま味が少ないと感じるからです。もちろん、キャピタルゲインが狙える点もメリットですが、やはり安定収入が得られることが一番のメリットだからです。また、ホテルを購入したけれど、結局、想定利回りが3％だったとなると、売却するときになかなか売れなくなるリスクも生じます。がんばってホテル物件を見つけたものの、厳しく利回り計算した結果、想定利回りが5％になってしまっていたら、買わない勇気も大切です。

逆に、石橋をたたいて計算した上で想定利回りが8％以上取れると判断した場合、勇気を出して購入しても良いと思います。

まとめると、ディベロッパーのホテルの想定利回りは鵜呑みにせず、自分でもシビアに計算してみることが大切です。宿泊費や想定利回りが提示してきた数字よりも2割減で計算し、それでも想定利回りが8％を超えるようなら、その物件に買い付け申し込みを出しても良いでしょう。

## 3－6 購入したい物件の平米単価の相場を確認する

買いたいホテルが見つかった場合、余力があれば物件の平米単価と周辺エリアの物件の平米単価も計算しておくと安心です。平米単価は、1m×1mの面積あたりの価格になります。

平米単価を知っておくメリットは、ディベロッパーが明らかに高い価格を提示してきた場合に、自分で高すぎると判断できるからです。万が一のとき、平米単価は自分を守ってくれる知識ともいえるでしょう。

ここで注意したいのが、3つ星、4つ星、5つ星というホテルのグレードでも平米単価が異なってくる点です。周辺エリアの自分が買いたいホテルと同じグレードのホテルの平米単価は調べておきたい情報です。

リッツカールトンやヒルトンというブランドだけを見て、訳も分からず買ってしまうと、高いブランド料が載せられて割高な場合があります。日系の販売業者でも、不当な金額で販売している場合があるので、気をつけて下さい。いくらホテルの設備が素晴らしくても、高過ぎる金額で購入しては意味がありません。ホテル不動産の難しいところは、建つ場所も違う、コンセプトも違う、客層も違う、プールの有無などでも、変わるわけです。一般の人からすると、そのホテルが安いのか高すぎるのかが分かりにくいでしょう。そこで、一番フェアでニュートラルに見ることができる指標が平米単価なのです。

平米単価の計算方法はシンプルです。不動産価格÷平米数（㎡）で計算できます。もし、周辺に競合ホテルがない場合は、外国人が購入可能な居住用不動産と比較するだけでも、参考になります。例えば、計算した結果、外国人が買えるコンドミニアムの平米単価が25万ペソだったとします。そして、買いたいホテルの平米単価が35万ペソだったら、高すぎると判断できます。逆に、買いたいホテルの平米単価が居住用不動産と同じ25万ペソだったら、妥当な金額ということがわかるわけです。

最終的にはご自分で判断し、どうしても難しいようであれば専門家の意見を求めた方が良いと思いますが、同じエリアの土地の価格に対して、明らかに異常ではない価格かどうかは見ておきたいポイントです。周辺エリアの居住用不動産の平米単価は、前述のドットプロパティやラムーディなどの物件検索サイトで調べられます。サイトで調べた不動産価格を平米数で割れば、平米単価が簡単に求められます。

このように、買いたいホテルのエリアの平米単価は簡単に計算できます。これだけで、明らかな高値でホテルを購入することは防げるため、やっておくとすごく安心材料になるでしょう。

## 3−7 ネット上に物件情報がなければ「日系の販売仲介業者」に聞く

ここまで、自分でホテルの想定利回りが適正かどうかなどを調べる方法を書いてきました。本書の手法を使うだけでも、フィリピンホテル購入で失敗する確率はかなり下げられます。

しかし、「やはり海外ホテルの購入なので自分の判断だけでは心配だ」と思う方は、日系の不動産販売業者に聞くことをおすすめします。ホテル投資は大きな金額が必要なので、プロの意見も取り入れた方が安心です。

ただ、日系販売業者でも、詐欺まがいの業者も存在するのも事実です。ここでは良い業者を見極めるための3つのポイントをお伝えします。

1つ目のポイントは、英語が話せる日系販売業者を選ぶことです。英語力は、現地での仕入れ能力に直結します。私自身も英語で現地の不動産会社と交渉し、優良物件を入手していますが、全然聞いたこともないローカルの会社から掘り出し物の物件が見つかることも多くあります。むしろ、大手上場企業の不動産業者でホテル物件を扱っている企業は少なく、良質なホテルを仕入れようとしたら必然的に非上場の中小企業の不動産を草の根的にたどって探していくことになります。逆に、危険だと思うのが1つの財閥の不動産しか取り扱っていない業者です。自分たちとつながっている財閥の物件が良いかどうかは、本来、他の物件を知らないと判断できないはずです。また、その財閥が作る物件が全て100%優秀であることはありえません。何度も言いますが、不動産は財閥名やブランドより立地です。残念ながら、自社の保有している不動産の範囲内で提案しているので、良い物件に当たる可能性は低いといえるでしょう。

2つ目のポイントは、自社による販売数ばかりを強調する業者には注意することです。私からするとたくさん売っていることはそれほど重要ではありません。それよりも、販売数は少なくてもお客さんに価値ある物件を提供する方が大切だと思います。物件が建った後に、きちんと客付けができてしっかり利益が出ることがお客さんにとっては一番重要だからです。

数多く不動産を販売していても、物件購入後、客付け管理ができず「聞いていた話と違う」「一切家賃収入がはいらない」と赤字で泣いている人が多いだけかもしれません。実際、販売数や売上を強調している会社は、売上が欲しいために明らかに物件を買うと苦労する資産額のお客さんに強引に購入させているケースも多いのです。不動産購入するだけの十分な資産のないお客様に、「月10万円から購入できます。物件の価格が2倍になります。物件価格の値段が竣工までの間に上がるから、残金なくても途中で転売すれば利益がでる」という誘い文句で不動産を販売する業者は本当に多いです。このケースは本当に注意してください。不動産は株と違い、すぐ売却できる類の資産ではありません。また値段は確かに上がりますが、本当に2倍になったら東京よりも高い物件になる恐れがあり、話を盛っているケースが多いです。想像してみてください。十分な資金がないまま不動産を購入し、毎月10万円の支出が続きます。不動産価格は上がっていると聞いていても、転売先が見つからず、毎月支払いばかりがかさみ、ついに残金1000万円の支払いまで残り半年になってしまった…。既に300万円支払ったものの、残りの1000万円を支払う資金はない。このまま物件の権利を放棄するぐらいなら1000万円でもいいから転売しよう。そのように不安定な精神状態になり、不動産を安値で手放してしまう方も多いのではないでしょうか？ 逆に転売先に十分な資金がないことが伝わると、足元を見られ、物件を安値で買いたたかれてしまう可能性が高まります。十分な資金のないまま不動産を購入すると、資金が増えるどころか目減りしてしまうリスクが高まります。不動産仲介業者は、一度物件を販売すれば、仲介手数料が入るため、お客様の利潤の追求ではなく、自身の手数料欲しさに物件を販売するケースが後を絶ちません。これだと、経営の目的が完全に利潤の追求になってしまっています。

私は、お客さんが買って利益を出していただくことが最重要だと考えています。目先の仲介手数料欲しさに販売するのではなく、良質な不動産をお客様にご案内できれば、お客様の資産が堅実に増えていきます。資産が増えれば、お客様から口コミ紹介が起こったり、他の不動産も買いたい、別の投資商品はないか？ と信頼関係をもとに、ビジネスが拡大していきます。一度のセールスで終わりではなく、むしろそこからがお客様との信頼関係の始まりだと考えています。最終的なゴールをどこに置くかは会社によって違うと思いますが、お客様と一緒に利益を循環させる会社は強いです。そして、海外不動産の場合、会社の考え方は仕入れのスタンスに出ます。本当にお客様のことを考えている業者なら、自分たちの足を使っていい物件を探しにいくはずだからです。

3つ目のポイントは、誠実にメリットもデメリットも言ってくれる業者を選ぶことです。残念なことに、自分が買いもしない物件なのに、いいことばかりを強調してお客様に販売する業者が日本・海外限らず、後を絶ちません。もし仮にそんなにいい物件なら、自分で買えばいいのにと営業マンの話を聞きつつ、思ったことはありませんか？

私の会社では、「社長の私が買わない物件は絶対に売らない」という社内ルールにしています。本当にここまでこだわると、そうそう優良物件は出てきません。お客様から問い合わせがあっても、「今は在庫切らせているので、次は絶対にいい物件をご紹介するので、待っていてください」と謝罪します。だから正直、私の会社が販売する物件数はフィリピン不動産を取り扱う業者の中では中堅くらいだと思います。その代わり、お客様に販売する物件は、私も所有しているし、買い増ししているし、そのことも包み隠さず伝えています。ここは大切な部分だと思っているので、こだわっています。

単純な不動産販売数だけでなく、本当にどこにゴールを置いている業者なのかを見極めてください。その上で、自分に合った信頼できる販売業者を見つけましょう。

## 3−8 プレセール、中古物件、買うならどっち？

本章では、フィリピンホテルの購入方法やポイントを説明してきました。フィリピンホテルの購入方法は、竣工前のプレセールと中古物件の2種類がありますが、どちらを購入する方が良いのでしょうか？　私は、プレセールをおすすめします。

プレセールが良い理由は大きく4つあります。

1つ目の理由は、そもそもホテルの中古物件は、ほぼ出回っていないからです。ホテルはコンセプトが尖っているため、販売直後に売り切れる可能性が高いのです。またしっかりと利回りが回っているホテルを手放す人は少ないことも一因です。

逆に、中古で売りに出されている物件は、利回りが下がっている可能性もあります。注意深く確認することが必要です。しっかりと、現状で利回りが何％なのかを計算します。もし、計算して利回りが低い物件なら、大幅に値切るべきです。安く仕入れることが可能なら、利回りを高くすることもできるので、利回り8％以上が出る価格を提示するのもありです。

ただ基本的には優良物件は利回り8％の安定収入が得られるので、手放すオーナーさんはほとんどいません。ホテルの価格は、基本的に上がることが多いので、中古物件でもプレセール時よりも価格が高くなります。ただ、ラッシュセールというオーナーが破産や事業不振などで売り急いでいる場合、超格安中古物件が出ることはあります。

また、プレセールの竣工直前に転売物件が出ることがあります。要するに、前金の300万円を4～5年で積み立ててきたオーナーがその間に資産運用に失敗し、残金の700万円が支払えなくなる場合です。これは非常に稀ですが、相手は何が何でもキャッシュが欲しいので、1000万円や2000万円などの二束三文でも売りに出そうとします。もし、700万円が支払われなかったら、最初に支払った300万円が返金されなくなるから相手も必死です。でも、このプレセール竣工直前の物件は、稀にしか出ないし、少し迷っていたら他の人に買われてしまうので、なかなか日本人が買うことは難しいでしょう。

2つ目の理由は、プレセールだと分割払いが可能で、支払いの自由度が高いことです。例えば、1000万円のホテルのワンルームでも、300万円を建設中の4年間で支払うことなどができます。一括購入なら割引が効くこともあります。また300万円を、48カ月間で月約6万円ずつ支払って、竣工直前の49カ月目に残金の70%、700万円を払う等のプラン等も存在します。物件によって支払いスケジュールは異なりますが、現在手元に現金がない人でも、プレセールなら積み立て購入ができるなど、柔軟に対応してくれるケースが多いです。転売物件の場合、相手のオーナーさんの支払い条件で支払う必要があるため、このような自由度はありません。

3つ目の理由は、やはり、プレセールが一番安く買えるため、値上がり益のキャピタルゲインを狙える点です。プレセールは、まだホテルが建設される前の段階で購入するため、価格が安いというメリットがあります。徐々に建設工事が進むにつれて、購入者が増えていく傾向にあり、オープン前に価格が上昇することもよく起こります。その間、特に何もする必要はありません。当然、大きく値上がりした場合、オープン前にホテルを売却して、利益を確定することも可能です。これは、プレセールの醍醐味といえるでしょう。

4つ目の理由は、自分の好きな間取りの部屋を選ぶことができる点です。中古の転売物件だと、部屋の向きや間取りは基本的に選べません。プレセールだとまとまって空きが出ていることが多く、好きな間取りを選べるのはメリットの一つです。

以上、プレセールを購入した方がいい理由をお伝えしてきました。やはり、安く買えるためキャピタルゲインを狙えることや支払いの自由度が高い点を総合的に考慮すると、私はプレセールの購入がベストだと考えています。

第4章

# ラストフロンティア
# “フィリピン”で
# 200万円の年収アップ

## 4−1 驚くべき優良物件が出る「郊外エリア」とは？（ニュークラークシティ）

ホテルを買うときの注意点は、周辺にホテルが多いと利用客が減ってしまうことです。つまり、競合ホテルが増えると購入価格の上昇と利回りの低下を招く恐れがあります。既に、首都圏のマニラでは、かなり価格が高騰しているホテルも出てきています。もちろんまだマニラにも良い物件は残っていますが、値段の高い物件だと当然利回りは下がります。

このときに注目すべきなのが、郊外の物件です。首都圏ではなく、あえて郊外を狙うのです。フィリピンの代表的な郊外都市には、第二の経済都市にあたるセブ市、マニラの中でも北の外れのケソンなどがあります。マカティやBGC（ボニファシオ・グローバルシティ）が東京丸の内だとすれば、ケソンは山手線内の高田馬場あたりのイメージです。

他にも注目すべき都市は、２０２５年に開通予定のフィリピン初の地下鉄、南北通勤鉄道の沿線です。この地下鉄は、南はラグナ州のカランバ市から北はクラークまでの35駅、全長１１０㎞の鉄道になります。開通すれば、車で約３時間半の距離が1時間以上縮まります。日本でいえば、宇都宮から逗子までをつなぐ約２００㎞の鉄道、湘南新宿ラインのような鉄道です。

地下鉄の駅の周辺エリアは開発が進み、人口が増えて大きな移転政策が取られます。そのようなエリアの物件は狙い目です。特に優良物件が出る可能性があるのが、いちばん北にあるニュークラークという都市です。広大な敷地があり、４００haもの土地を政府が開発しています。もともと米軍基地だった土地が国に返還され、再開発を進めている最中です。

ニュークラークの特徴は、環境に配慮したスマートシティであることや国際空港があることなどです。空港があると物件の高さが規制され、高層ホテルを造ることができません。また、土地の無くなった首都マニラのバックオフィスとして、ニュークラークに政府の一部の機能が移ってくる予定もあります。すでに、中央銀行の移動は決定しています。

このように、ニュークラークなどの郊外エリアはまだこれから開発が進むタイミングです。郊外のメリットは、不動産などがマニラの半分程度の値段で買える可能性があることです。まだ、開発途上のエリアで物件に手を出すことは、都市の全容がつかめないため、本当に竣工するのか？　開発が進むのか？　そういったリスクも高まりますが、この点に着目すると、うまく利益を得られる可能性も高いでしょう。

ここで、ホテルを選ぶときの基準は「ビジネス客も来るエリアかどうか」です。世界トップ10に入るビーチのボラカイ島は、観光シーズンは利用客がたくさん入りますが、それ以外の時期は客付けが難しくなります。また、ボラカイ島はドゥテルテ前大統領政権時に、環境美化を目的に、一時的に島全体が封鎖され、美化活動が進むまで観光客の受け入れが停止されたことでも有名です。ビーチリゾートのホテルを所有することが夢という方もいるかもしれませんが、投資目的で利益を上げたいならば、観光目的だけのエリアは注意が必要です。一方、ビジネス客が利用するエリアであれば、台風や大雨であっても一定数の客付けができます。周辺にオフィスがあると、ホテルの宿泊需要があるからです。ただし、どちらか一方ではなく、観光客とビジネス客の両方を狙える地域を選ぶのがポイントです。また、国際空港があるセブ市のような、圧倒的に利用者が多い場所も候補に入ります。郊外物件ではエリアによっては、人が来ない場所もあるからです。基本的にはその場所にホテル需要があるかどうかを考えて購入すべきでしょう。

例えばセブ市では、観光のイメージが強いかもしれませんが、ＢＰＯといったアウトソーシング事業の進出等を受け、急速に都市部の開発が進んでおり、観光客だけでなく、ビジネス客も取り込めます。ビーチ沿いに限らず、セブ市内にも大型のカジノやショッピングモール、水族館が新設されるなど海以外の娯楽も増えている経済都市でもあるため、市内は観光のついでに寄る人も多く、セブ市内のホテルはまだまだ狙えると思います。

また、郊外エリアの物件価格は、圧倒的に安いことが魅力です。例えばニュークラークの居住用不動産の場合、28平米の物件が500万円ほどで購入できます。マニラであれば、同じ28平米の物件は約1500万円です。このように、安い居住用不動産ならマニラのような首都圏の価格の1／3程度で買えてしまうのです。居住用不動産の場合は、客付け管理ができる業者も少ないので家賃獲得のリスクは高まりますが、今後ホテルの開発も進んだ場合、1000万円を切る物件が出る可能性もあると考えています。基本的にマニラでは1500万円は超えるので、価格が1500万円を切るかどうかが一つの基準になります。その点を押さえてアンテナを張っておき、良い物件が出たら積極的に購入するのもありでしょう。

## 4－2 銀行ローンが使えない——どうすれば買える？

フィリピン不動産購入の注意点は、銀行ローンが使用しにくいことです。仮に1000万円の不動産があったら300万円を現金で支払い、残りの700万円は不動産ローンで払うことも可能ですが、この方法は不動産ローンの金利が高く、おすすめいたしません。

外国人（日本人）でもローンを引くことは可能ですが、不動産ローンの金利がいくらかご存じでしょうか？　日本だと高年収のサラリーマンの方等ですと、金利が１％を切ることもありますが、フィリピンの不動産の場合、最低でも年利6.5％と非常に金利が高く、借入期間も10年と短いことが多いです。家賃収入よりも支払いが多い物件は負債です。そう考えたとき、銀行ローンは極めて危険でフィリピン不動産の場合は負債になってしまうことが多いのです。

現在、居住用不動産が利回り５％から６％程度であり、ホテルでも優良物件が利回り８％というところです。仮に利回り７％の物件に年利6.5％のローンを引いてしまったら、金利や為替が動いたらすぐにでもキャッシュフローがマイナスになる可能性があります。

さらに、利息にプラスして頭金の返済もあるため、やはり銀行ローンは絶対に使ってはいけません。支払いに困り、追加でローンを引いたらどんどん手出しも増えます。このような負の連鎖が止まらなくなるので無理やり買わないことが大切です。価値が上がることを過剰に期待せず、上がったらラッキーぐらいのスタンスが丁度いいでしょう。逆に、キャッシュ一括購入は、不動産が竣工するまで資金を動かせず、家賃も得られないため、勿体ないと考えています。

やはり、先ほどお伝えしたコツコツ支払っていくプレセールの物件を買うのが一番です。価格が上昇したら途中で売却もできますし、そのまま所有していても良いのです。このように、自由度が高いこともフィリピンホテル投資のメリットだと言えるでしょう。

## 4−3 一括払い、均等払い、少額頭金＋分割払い、どれがお得？

一般的に、不動産物件を購入する場合、さまざまな支払い方法があります。主に、全額現金の一括購入、物件代金を定まった期間で毎月同額で分割払いする均等払い、少額の頭金を数年にわたり支払って竣工直前に残りの購入金額（70％前後）を支払う場合などがあります。

では、どの購入方法がベストなのでしょうか？　ここでは、わかりやすく説明するために5年後に竣工する１０００万円のフィリピンホテルを購入するという例を用いて説明させていただきます。

まず、一括払いの現金購入のメリットは、物件価格が10％前後安くなることです。確かに割引は魅力なのですが、為替の問題を考えるとあまりおすすめはできません。なぜなら、為替の影響で将来的に円の価値が下がった場合、売却時に損することがあるからです。フィリピンペソは日本円に対して為替が安定しているとはいえ、この10年間の間に、1ペソ＝2.08円～2.81円程度の値動きをしています。目安としては、1ペソ＝2.08円に近いほど円高ペソ安なので、為替差で得をする可能性もありますが、1ペソ＝2.81円に近いと、物件を一括払いで購入後、円高ペソ安が進んだ場合、為替差により割引金額以上に損失を出す可能性があります。さらなるデメリットは、1000万円の現金を使うことで5年間、お金が寝てしまうことです。物件価格は5年間の間に上昇するかもしれませんが、一括払い後、物件が建つまでは、物理的に家賃収入が得られません。家賃を生むものが資産、支払いが続くものは負債という定義に戻ると、一括払いは果たして資産と呼べるのでしょうか？　この資金を寝かせる期間がもったいないと個人的には思い

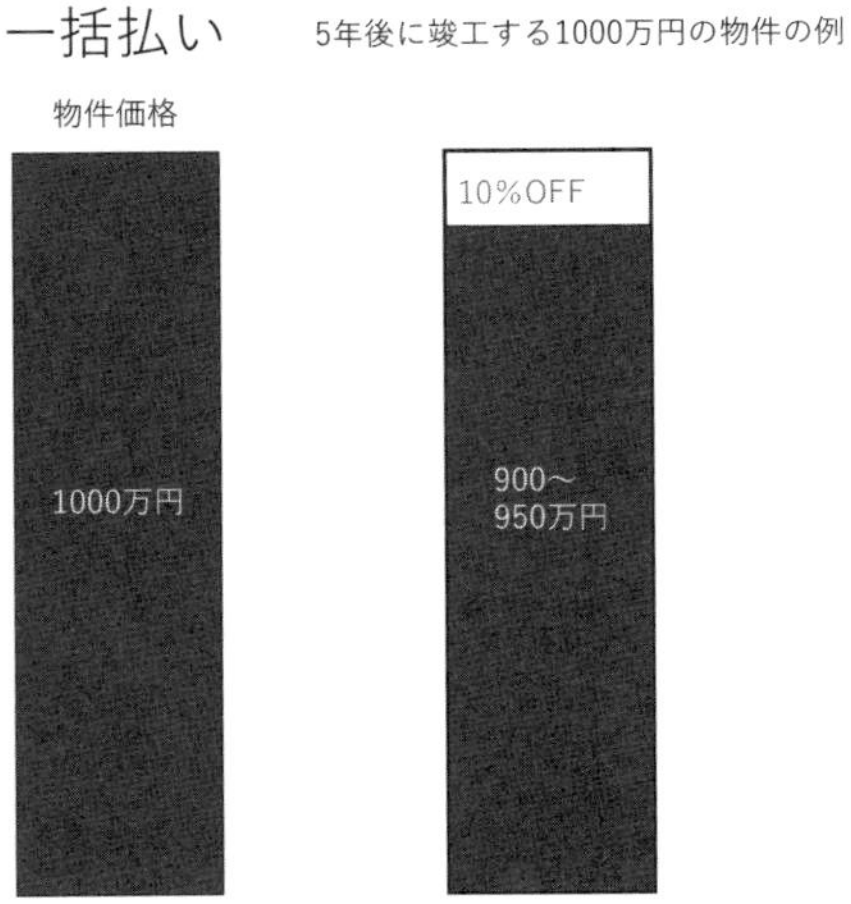

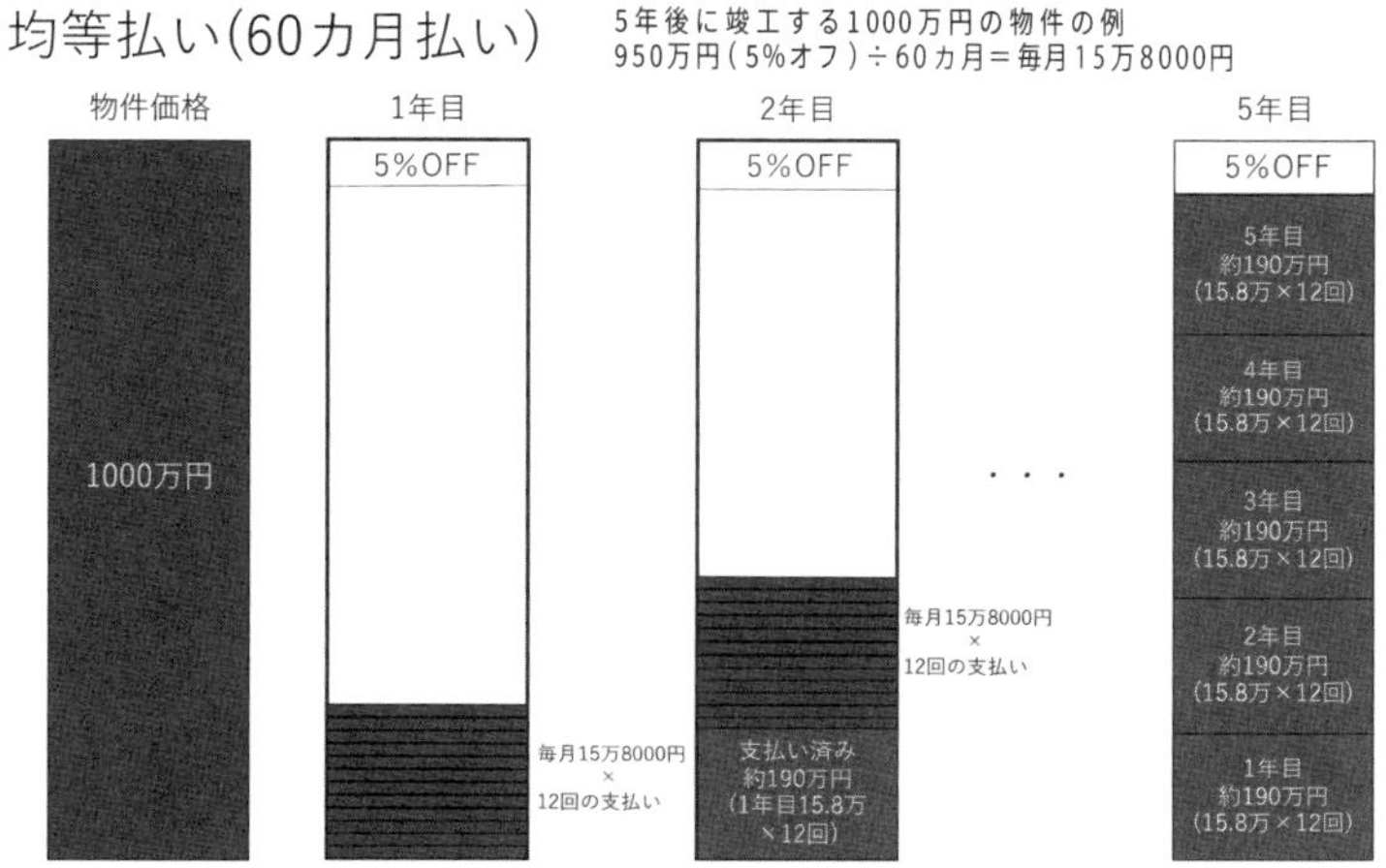


ます。お金を有効に使いたいなら他の支払い方法の方が得策だと個人的には思います。

次に均等払いという支払い方法について説明します。均等払いの場合５％前後不動産価格が割引になるケースが多いです。そのため、物件代金が５％オフの９５０万円と仮定します。５年後に竣工する９５０万円のホテルを均等払いする場合、５年間（60ヶ月）で不動産代金を割り、月額約15万８０００円×５年間（60回）の支払いをするのが均等払いです。十分な資産をお持ちであれば割引も効き、効果的な方法に見えますが、やはり物件が立つまで資金が寝てしまうのが惜しいところです。

最後は、少額頭金＋分割払いです。物件によりこの支払方法は異なりますが、例えば５年後に竣

少額頭金＋分割払い

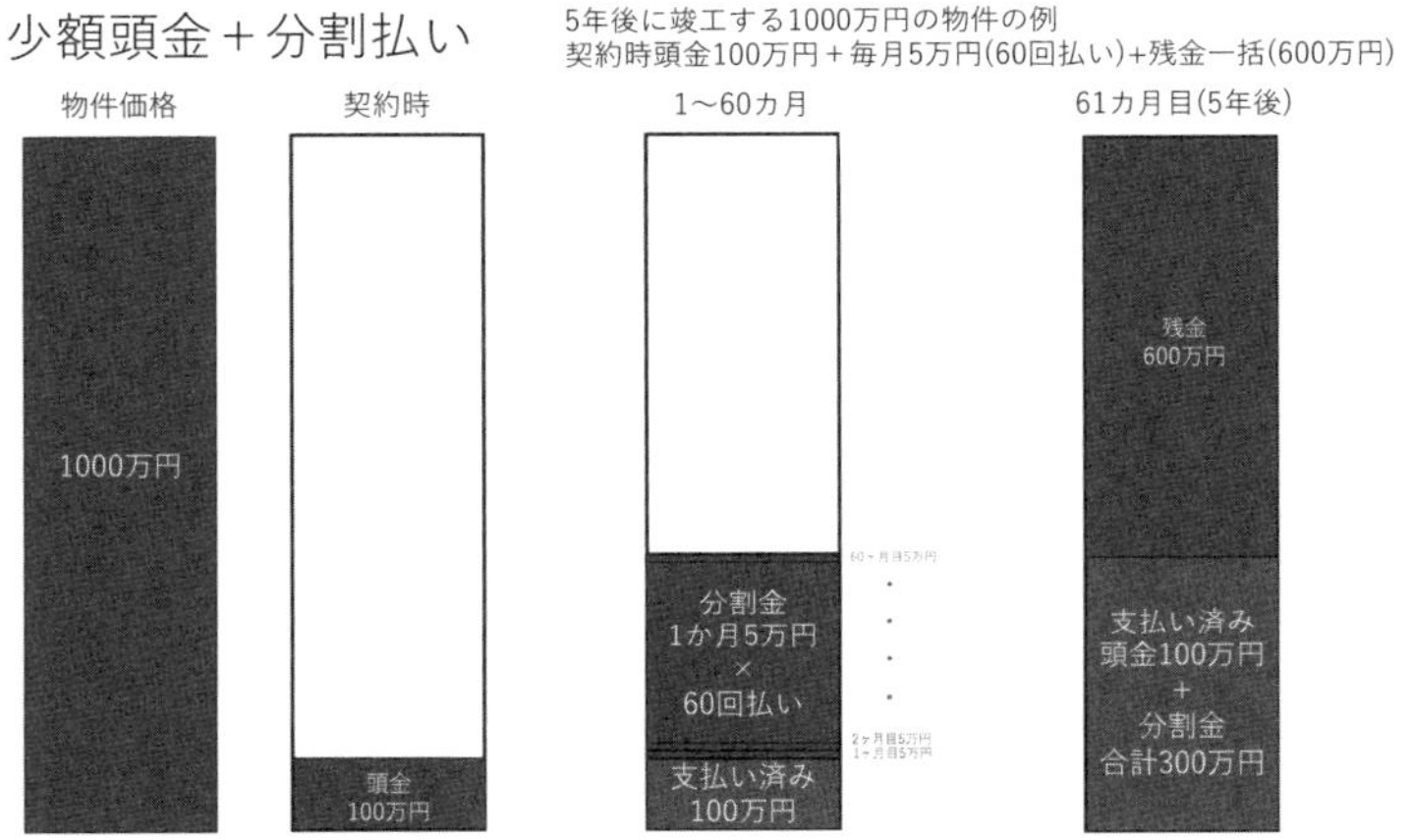


工する１０００万円のホテルの場合、基本的なイメージとしては、物件代金の10%程度（１０００万円のホテルの場合、頭金１００万円）を契約時に支払い、月５万円前後を毎月５年間（60カ月）支払います。そして、５年後のホテル竣工時に、残りの６００万円程度の支払いが発生します。私は、フィリピンホテルに関しては、この方法がベストだと考えています。そもそも、フィリピンのホテルの場合、竣工が遅延する場合が多いです。多くの資金を前もって払ってしまうと、竣工が遅延した場合、何も収益を得ることなく、ひたすら待つことしかできません。一方、まとまった資金の支払いが後であればあるほど、竣工が遅延したとしても待っている間、そのお金を運用すること等も可能になります。日本人には、一括払いがお得で

あり、分割払いやローンはもってのほかと考えている方も多くいますが、「キャッシュフロー」の回転率をいかに上げるか、ぜひここに注意を払いましょう。

## 4－4 建設中の「分割支払い分」を他の運用益でまかなう

さて、ここまでフィリピンのホテル投資の支払い方法について説明してまいりました。一括払いよりも、できる限り大きな支払いは後回しにする「少額頭金＋分割払い」を活かせば、より不動産を安く購入するチャンスが増えます。ご説明した通り、フィリピンホテルは、安ければ月5万円、高くても月10万円前後ほどの分割払いで買うことができます。フィリピンホテル投資の場合、十分な余剰資金（既に1000～2000万円のキャッシュ）をお持ちの方が検討すべきとここまで述べてきましたが、仮にフィリピンホテルに一括払いをするのではなく、1000万円を年利8％の投資商品に投資したと仮定します。すると、年に80万円の利益が出ます。12カ月で割れば月に66，000円ほど、その投資商品で配当金が出るのです。この配当金で、不動産の月の分割金を支払うのはいかがでしょう？　月5万円ほどの分割金のホテルであれば、この配当金で不動産の毎月の分割金を払うことが可能です。資金を寝かせることなく、運用益で不動産を購入できるため、この場合元金が減らずに不動産の代金を支払えます。お金を支払う順番を変える（不動産に一括払いではなく、他の運用商品に先にお金を入れて、その配当金を得る）ことで、物件が立つまでの間を有効に利用することが可能になります。

×おおすめできない購入方法

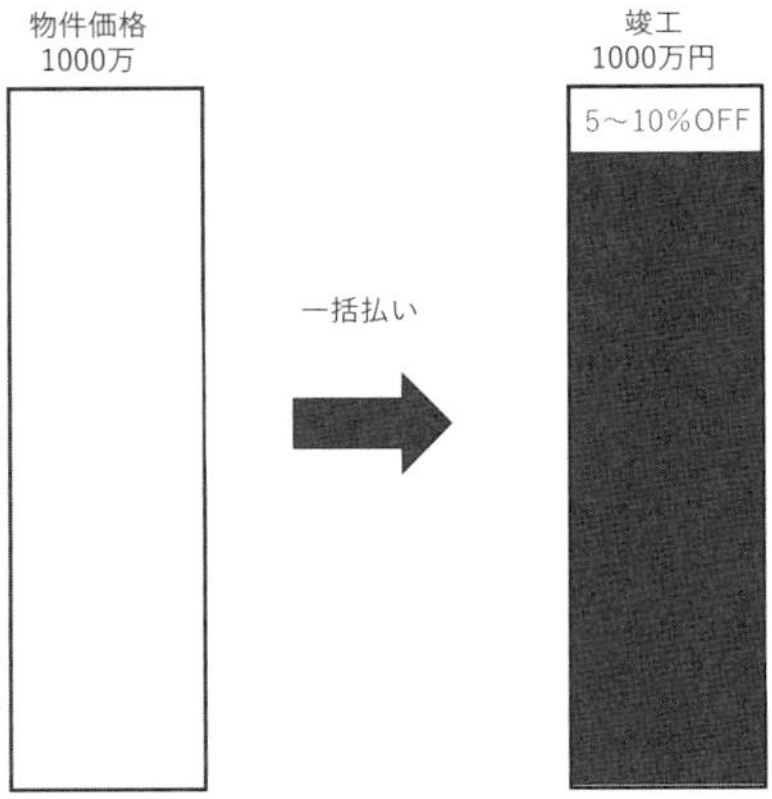


ただし、当然おいしい話ばかりではありません。

そもそも年利８%の運用商品などあるのか？　運用に失敗したら？　当然リスクを背負う覚悟が必要です。ここでいう年利８%の商品には、高配当のフィリピン株などがあります。もちろん、元本割れするリスクはありますが、大手上場企業の高配当株でも年10%もの配当が出るものがあります。１０００万円の高配当株を購入し、その配当で物件を買うこともできます。株が大手上場企業、財閥のものであれば安定しており、年に４回ほど配当をくれる銘柄も

◎おすすめの購入方法（少額頭金＋分割払い＋資産運用）

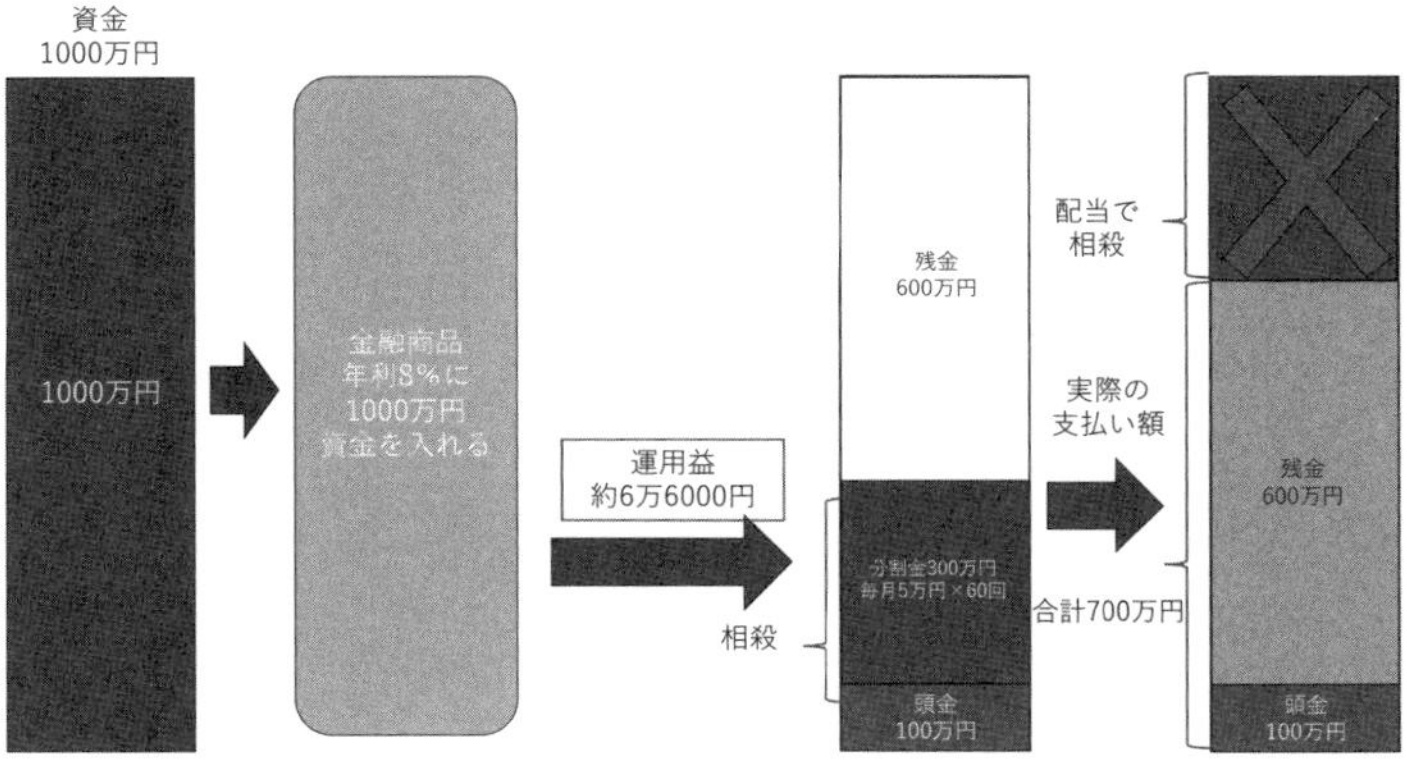


あるため、うまく活用すれば、分割払いの費用に充てることが可能です。

もし、「元本割れしない株はどうやって調べればいいの？」と気になった方は、弊社に相談してもらっても良いです。また、拙書『社畜会社員から資産1億つくった僕がフィリピンの株を推すこれだけの理由』（ぱる出版）にも詳しく書いてあるので、よかったら参考にしてみてください。

ただし、株の配当は出なくなる可能性もあるため、株に頼りすぎるのも良くありません。先ほどは分かりやすく株で説明しましたが、株で失敗したら、不動産に充てるべきお金が失われてしまう可能性もあります。あくまで一例として紹介させていただきましたが、普通に不動産代金を支払うよりも当然リスクが上がります。とにかく慎重に、なるべく手堅い投資と組み合わせることがポイントです。

もし十分な資金をお持ちなら、また、フィリピンの銀行の定期預金の配当と組み合わせるのも一手です。通常、フィリピンの定期預金の金利は平均年2％程度ですが、一部の大手上場銀行であれば、年4.25％程度で組むことができます。資金1000万円なら利息は年40万円と株の配当に比べて利益は減りますが、資金2000万円なら利息は年80万円になるため、十分分割払いの分に充てることができます。現地の居住用ビザなしでの外国人の銀行口座開設はかなり厳しくなってしまいましたが、不動産を購入すれば開設可能な銀行も幾ばくか残っています。(サポートが必要な方はお問い合わせください)フィリピンの銀行口座は万が一倒産した際、50万ペソ（120万円前後）までしか政府が守ってくれないので、無リスクなわけではないですが、決算情報を開示している大手上場企業の銀行ならば比較的安全ですし、弊社も株の事業で毎日上場企業の決算書を追いかけているため、リスクを下げることが可能です。少しでも資金の回転効率を上げたい方は、同じ通貨の中でフィリピンの定期預金を合わせてみるのも良いでしょう。

もちろん上記のような方法で残金を全額を支払えれば万々歳です。たとえ全額でなくとも半額でも賄うことができれば、残りは仕事で稼いだ収入から支払うこともできます。月々の支払い全額を賄うというよりは、半分ほど出せれば良いという感覚で構いません。初めから全額賄うぞと意気込むと辛くなるので、「本来は月6万円の支払いが月3万円まで減額できる」という気持ちでいると楽になれるでしょう。

## 4－5 「竣工直前の物件」を割安で買う方法

先述したように、フィリピンの法律では、不動産の60％は現地の人、残りの40％は外国人が買える決まりになっています。特に現地のフィリピン人はこの「少額頭金＋分割払い」で買う人がほとんどです。

本書では不動産ローンを引いてはいけないと慎重な行動をお勧めしていますが、対照的にフィリピンには見切り発車で不動産を買う人が多く、後から支払いに困るケースが多発しています。残金が手元にないにも関わらず、「それまでに稼げたらいいや」と皮算用で買ってしまうのです。その結果、残金の70％を払う時に「キャッシュがない。不動産ローンの審査も落ちてしまった。どうしよう」となってしまうのです。

このように本人の問題で支払えなくなったときに市場に出回るのが、俗にラッシュセールと言われる物件です。このようなラッシュセールの物件は、安く買いたたける可能性があります。

例えば1000万円のホテルがあった時に、自分が300万円まで払い切った場合を考えます。いよいよ最後の700万円を払おうとしたら、お金が足りなくなったとします。この700万円の支払い義務はありませんが、支払わないと物件の所有権利は放棄され、基本的に前金300万円は返ってこなくなります。強引にでも700万円を工面して物件を購入するか、300万円を諦めるか、どちらも難しい場合、ほとんどのオーナーは転売を考えます。プレセールの物件は、建設途中でも転売することが可能です。

プレセール物件は値段が徐々に上がります。仮に1000万円の価値の物件が、1200万円に値上がりしていたと仮定します。通常であれば、当然1200万円を支払わないと転売物件を購入できませんが、ラッシュセールの物件は少し勝手が違います。300万円は払ったけれど、残金の700万円がないオーナーは、竣工直前になると時間の猶予がなくなります。「このまま誰も買ってくれなかったら700万円払わないといけなくなるが、払えない。物件の評価価値が1000万円↓1200万円になっていたとしても、残金700万

少額頭金＋分割払いでの流れ（支払い完了できた時）

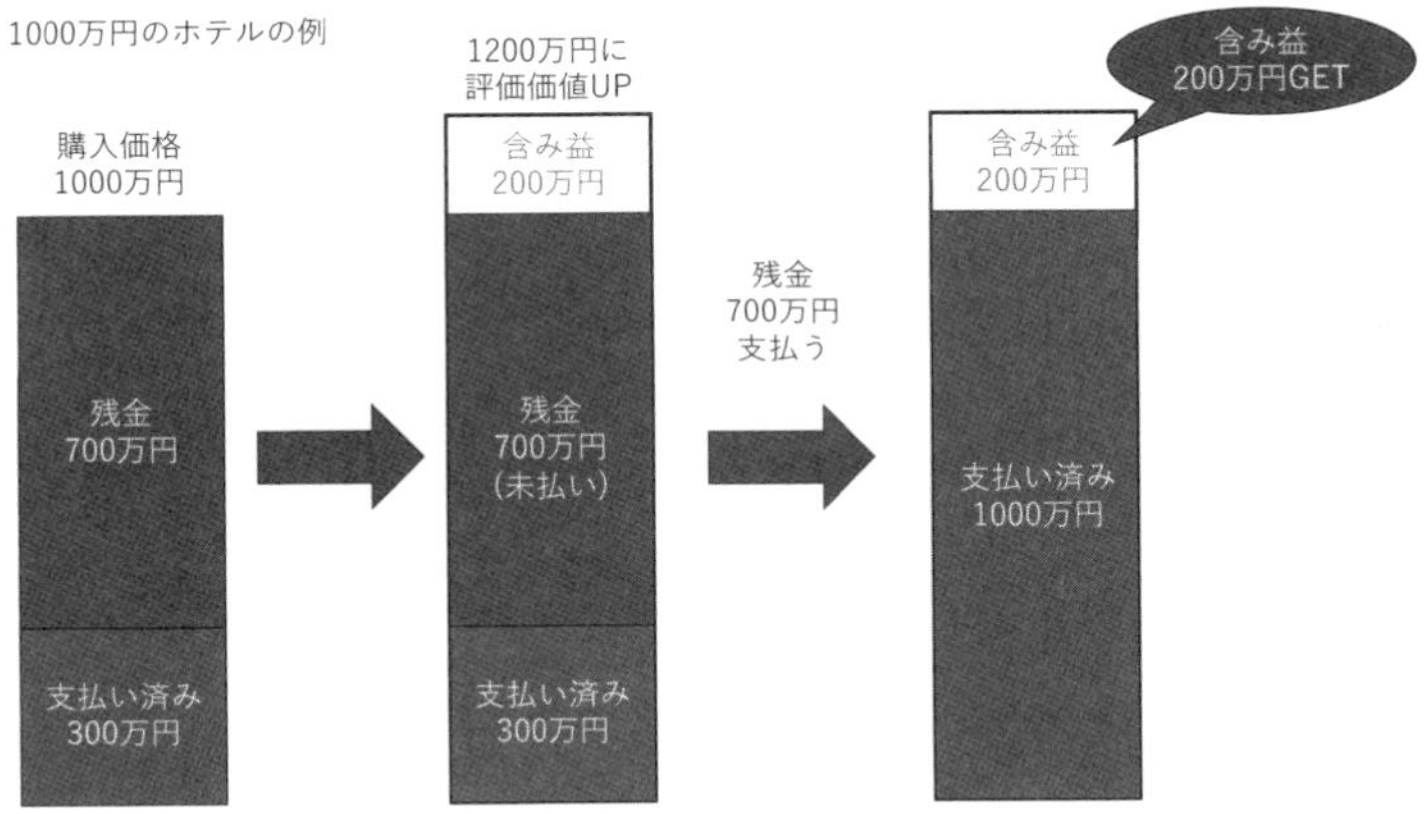


円が払えない。このまま払わないと物件の権利が放棄され、今まで払った３００万円も無に帰してしまう。それなら、二束三文でもいいから安く売って、１００万円でも回収したい！」と竣工時期が近付くほど焦ってきます。運がいいと元本割れで相手が１００万円で譲ってくれることがあります。

物件の評価価値は現在１０００万円→１２００万円に上がっています。物件の価値が上がっても支払い総額は契約時に決まるため、上昇しません。つまり、この物件の支払い総額は１０００万円。そのうち既に前のオーナーが、前金３００万円はすでに払い済みであり、残金は７００万円です。資金繰りに困ったオーナーが１００万円で不動産をゆずってくれたため、購入金額は８００万円（前

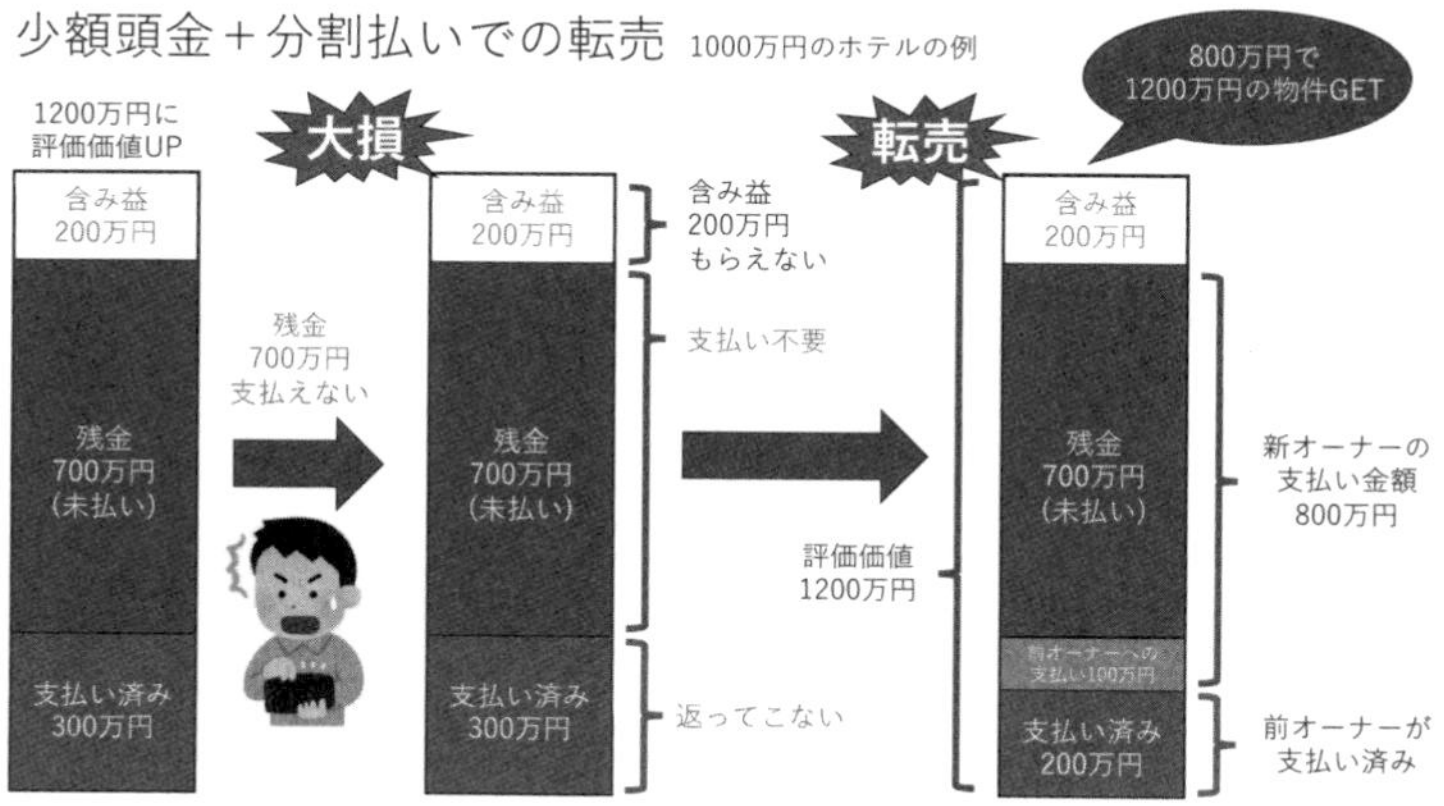


のオーナーへの100万円＋残金700万円）になります。評価額1200万円の物件を800万円で手にしたことになり、400万円のキャピタルゲインが出ます。竣工直前は市場よりも大幅に安く買える物件が出てくることがあります。

とてもよい話に聞こえると思いますが、ラッシュセールは買いたい人もたくさん出る可能性があります。そのため、ラッシュセールの時は、即断即決が求められますし、すぐに現金一括で支払う必要が出ます。お目当ての物件は狙ってもすぐ出ない可能性があります。出会えるか出会えないかは時の運でしょう。

もしラッシュセールを狙う場合、日頃からキャッシュを持っておくことと情報収集を怠らないことの2点が必要です。物件の周辺エリアの相場が分かっていれば安いかどうかがすぐに判断できますが、何も情報がないとその価格が本当に安いのか判断できないからです。この見極めは難易度が高いので、ラッシュセールは中級者、上級者向けといえるでしょう。

## 4－6 クレジットカード払いなら「経費削減マジック」が起きる！

不動産の支払い方法を数多く紹介してきましたが、実はフィリピン不動産の中にはクレジットカードを使って支払いができる物件も存在しています。すべての物件で使える技ではないのですが、クレジットカード払いの最大のメリットは、「経費削減ができること」です。

一般的には、物件代金を日本円の国際送金で支払います。ただ一部の不動産では、クレジットカードで物件代金を払うことができます。1000万円の不動産をクレジットカードで購入する場合、もしANAやJALのカード等で支払えば、飛行機のマイル（100円＝1マイルであれば、10万マイル）を溜めることも可能です。10万マイルあると、日々の出張はもちろん世界一周航空券くらいは賄えてしまいます。

さらに、不動産を購入すると、条件は年々厳しくなっているものの、フィリピンの銀行口座も開設することができます。「海外口座を開くメリットはあるの？」と疑問に思った方もいるかもしれませんが、不動産の家賃収入を受け取る際に、「ペソ建てのまま」資金を受け取ることが可能になります。毎月の家賃配当を毎月日本の銀行口座に国際送金する場合には、毎回高い送金手数料がかかかりますし、毎月為替の影響を受けてしまいます（ペソ安円高の時に日本の銀行口座に家賃を振り込むと円建てでの家賃金額が減ってしまうリスクがあります）。フィリピンの銀行口座があれば、国内での資金移動なので送金手数料もわずかです。そして、デビットカード付きＡＴＭカードも付与されるので、受け取った家賃配当は出金せずとも日本のコンビニやスーパー等で利用できるものもあります。ペソ建てのカードを持つことで、円高時は日本円のカードを使用、ペソ高時はペソのカードを使用すると、為替の影響を受けずに、お得な通貨での決済が可能になります。そして、フィリピンの銀行では、普通預金に預けておくだけで毎年0.5％ずつ増え、定期預金は平均２％、銀行によっては４％の金利が出る大手上場企業の銀行もあります。普通預金に関しては、日本の金利の５００倍であり、何もしなくても毎年増えるので、これも大きなメリットです。

フィリピンホテルを購入するだけでも高い利回りを受け取れますが、それ以外にも、マイルや銀行といった様々な恩恵を受けられる物件もあるので、しっかりと良質な物件を選んでいきましょう。

## 4－7　2～3室買ってキャピタルゲインで儲ける！

ここで紹介するのは、かなりリスクの高い上級者向けの方法になります。複数のホテル物件を購入し、キャピタルゲインを狙う方法です。資金の少ない方、リスクを嫌う方は決して真似をせず、実践する場合には十分リスクを理解した上でお願いします。

何度もお伝えしてきたように、プレセール物件は途中で転売できます。最初に購入した物件の価格が、毎月5万円支払っている途中で１０００万円から１２００万円になることもあります。例えば最初に50万円支払った時点で不動産価格が１００万円上昇していたとします。物件価値が１０００万円から１１００万円に上がっているので、この時点で転売すれば１００万円の利益を得ることができます。自分は50万円しか払っていないのに、転売によって１００万円の利益が出るのです。これは投資と考えると物凄いリターン率です。

株式投資では、毎日株価が変動し、株を安く買うには一定の技術が要ります。しかし、プレセールは違います。基本的にプレセールでは物件販売開始直後が最も物件価格が安く、時間の経過・不動産の売れ行きに従って、ディベロッパー側が、どんどん価格を上げていきます。初めから同じ物件を3室買っておき、1室はそのまま所有し、残りの2室を途中で転売することでその分利益を出すことが可能です。値段の上がり具合の様子を見つつ「今だ！」というタイミングで売るのです。

私も億万長者を目指していた頃にはこの方法を多用していましたが、この方法は非常にリスクが高く、あまりお勧めしません。何度も書いていますが、十分な資金を保有していないのにも関わらず、途中転売目的での不動産の購入は非常に危険です。1室1000万円なら、5室買うときには5室分の5000万円の現金を持っていなければ買ってはいけません。今から考えるとリスクですが、2015～2016年当時の私は、所持金1000万円しかないのに1000万円の部屋を5室、合計5000万円相当の物件を買っていました。なぜなら、一室あたり月5万円の分割金なので、5室合計月25万円なら年収600万円のサラリーマンでもギリギリ払えると考えたからです。

当時の私は、「物件を所有し、1～2年が経過して価格が上昇したら転売して1室あたり約300万円ほど得る」ということを繰り返していました。しかし、これは上級者向けであり、とても危険なやり方です。物件価格が上がるタイミングはディベロッパー次第なので自分ではコントロールできません。万が一、物件が建つ3~4年後までに買い手が見つからない場合、支払った金額が全損する高いリスクがあります。最悪の場合、物件代金を支払えなくなることもあるでしょう。

どうしても早くキャッシュを生み出したいという方は奥の手として使うこともできますが、あまりお勧めはしません。当時は、莫大なチャイナマネーが流れ込む前であり、今よりも不動産の価格が安く、不動産の価格がどんどん上がる市況だったこと、また、私の場合は、当時不動産部門の代表だったため日頃から様々なバイヤーの方々に会える立場だったからこそできました。この方法を取る場合、「非常にリスクがあると分かった上でやる」「失ってもいいお金でやる」という意識でなければいけません。一応参考として書かせていただきましたが、リスクを背負いすぎないよう、お金の亡者になりすぎないようご注意ください。

## 4－8 一度買ったら6年間は手放すな

最後に、不動産で必ず気をつけないといけないのが「出口戦略」です。不動産は家賃収入がメインの収入ですが、「不動産の価値は転売して初めて決まる」とよく言われています。どれだけ、高い家賃収入や高利回りの家賃収入を得たとしても、購入時の不動産価格より安い値段で不動産を売却してしまっては、損失を被ってしまいます。いかに安く不動産を買い、高く売ることができるか。不動産を購入する前から、どれだけ安く購入することにこだわれるかが重要です。

何とか安く購入し、物件価格がどんどん上昇したと仮定します。次に、ネックになってくるのが税金です。日本の不動産では損失が出た場合は税金を払う必要はありません。しかし、フィリピンの税法では、物件を売却したら損得に関係なく物件総額の6％の税金を払う義務があります。必ず税金がかかるため、迂闊に売却できないのです。

ただし、日本在住の方はフィリピンの税金は関係ありません。日本人は日本の税法に従って納税します。払うべき主な税金は、家賃収入に関わる不動産所得、売却時の譲渡益にかかる税金、固定資産税です。税金は二重に徴収することができないので、日本に住んでいればフィリピンで納めた税金はしっかり確定申告すれば、後から返ってきます。

日本の税制を考えたときに、一番大きな税負担になりうるのが不動産売却時の税金です。この話はフィリピン在住者の方には当てはまりませんが、日本在住の方が多いと思いますので、説明しておきます。日本の法律では、所有期間が5年以下の不動産を売却すると「短期譲渡」とみなされて、不動産売却の利益に対して約39％の税金がかかります。しかし所有期間が5年超えした不動産を売却した場合は利益の約20％に減額されます。つまり、せっかく不動産をプレセールで購入し、売却時に価格が２００万円上昇していても、5年以内に売却してしまうと税金が約39％かかってしまうのです。これでは勿体ないので、よほど利回りが悪いか、大幅な価格上昇していない限り、基本的には購入してから5年経過後に売るということを心がけた方がいいでしょう。

仮に物件価格が２００万円上がっていた場合、5年以内に売ったら税金が約80万円かかります。しかし、5年超えであれば約40万円と、半分です。基本的に価格が上がる想定でいくと、せっかく得た利益も5年以内に売却すると減ってしまいます。基本的には、5年超えてから売った方が良いでしょう。

また、日本在住の方の特権は、フィリピンで売却時にかかる物件価格の6％の税金を支払う必要がありません（正確にはフィリピンで納税後、日本で確定申告することで税金が還付されます）。つまり、日本の法律に従うため、購入時よりも低い金額、あるいは購入時と同じ金額で売却した場合は税金が免除されるのです。逆に利益が出た場合は、先述の通り日本では5年以内の売却なら利益に対して約40％、5年超えなら約20％になります。フィリピン在住の方の場合は損得に関わらず、物件価格に対して6％の税金は必ずかかります。このように、税金についても考慮した上で、フィリピンホテルは基本的には5年を超えてからの売却を検討しましょう。

第5章

# やってはいけない！フィリピン不動産投資の落とし穴

## 5－1 成功の可否は立地が9割 ～ブランドにこだわるな～

フィリピン不動産に限らず、不動産で成功するためには、とにもかくにも立地が一番大切です。なぜなら、人気エリアの駅近等だと不動産価格は落ちにくいからです。むしろ立地さえ良かったら物件価格もどんどん上がり、安定的な収入が得られます。

フィリピンホテルでも、財閥企業や有名ホテルブランドというだけで選んではいけません。本当にその立地が魅力的なのかどうかは精査する必要があります。ここをしっかりと確認しないと、想定利回りが全然得られなくて泣きを見ることになるでしょう。

例えば、アヤラランドというスペイン系財閥系企業といった「財閥企業」という響きや、ロビンソンランドの「ウェスティン（高級ホテルグループ　マリオット系列）」といった「ブランド名」だけで購入を決めてしまう方がいます。もちろん、大手財閥や大手ホテルチェーンの名前は、安心感はありますが、同じホテルブランドであっても、立地によって大きく利回りは異なります。常に考えるべきことは、国際空港の近くであるとか、周辺エリアにどのような企業があってビジネス利用の需要はどのくらい見込めるのかなどです。同じホテルブランドでも、立地が違えば別のホテルという風に考えた方がいいと思います。

やはり、周辺エリアの不動産価格の相場もしっかりと調べておくべきでしょう。先述したドットプロパティやラムーディでエリアの相場は検索できます。買いたいホテルの周辺エリアの居住用不動産の相場を調べれば、だいたいの相場感がつかめます。

仲介ブローカーがいる場合は、周辺の物件価格を確認しましょう。ここをしっかり調査しないと、「購入したけど低い利回りしか出なかった」「仕方なく売却したけど安く買い叩かれてしまった」というような事態になってしまうのです。

例えば、ダブルドラゴン社の101ホテルというブランドでもエリアによって値段は異なります。マニラと南の島ダバオでは物件価格は当然違うので、ブランド名だけでなくしっかり周辺と比較することで、安いか高いか判断できるのです。簡単に相場を調べるだけでも、明らかに高額で購入することを防ぐことができます。逆に考えると、この立地選びに手間をかけて、ちゃんとしたホテル運営会社を選べば、手堅い利回りが得られることは約束されるのです。

財閥企業やホテルのブランド力だけで購入するのでなく、立地を精査することは必須です。やはり、ホテルで安定した利回りを得るためには、周辺エリアの物件相場と宿泊需要を調べることが重要です。

## 5－2 「政治的リスク」は「観光地」で勃発する

フィリピンホテル投資で失敗しないためには、政治的リスクも考えておくことが大切です。実際に、ボラカイ島で起こった事例で説明しましょう。ボラカイ島は世界トップ10のビーチに選ばれた白い砂浜、エメラルド色の海がある人気リゾート地です。フィリピン現地だとセブ島よりも人気があります。

そのボラカイ島にホテルコンドコンド（投資可能なホテル型のコンドミニアム）が数多く立っています。以前から、ホテルコンドは利回りが得られるのと、オーナーは無料で宿泊できる特典があり、別荘として人気がありました。ボラカイ島のホテルが自分のものになったという優越感もあるし、別荘として所有する人が多かったのです。

ところが、２０１８年4月26日、当時のドゥテルテ大統領が急にボラカイ島を半年間封鎖するという事件が起こりました。理由は、環境美化です。ボラカイ島は以前はゴミもない綺麗な島だったのですが、ホテルや外食産業がこぞって進出した結果、ゴミだらけになってしまったのです。このような惨状にドゥテルテ前大統領が怒り、「国際的にも人気のボラカイ島がこのような環境ではダメだ」と環境美化が進むまではホテルも飲食店も半年間営業停止を決めました。

もちろん、島民は全員が反対の声を上げましたが、状況は変わりませんでした。ボラカイ島でダイビングショップを経営する私の友人の話では、本当に急に決まったので補助金もほとんどなく、大赤字だったそうです。島では3万6000人が職を失い、経済損失は約400億円に上ったと推定されました。これは、完全に政治リスクとしか言いようがない事件です。

現在のフィリピンでは環境美化や脱炭素に本気で取り組んでいるため、日本では信じられないような意思決定があることも事実です。そういう意味では、同じようなことが起こる可能性はゼロではありません。そう考えると、観光需要だけのエリアのホテルは避けた方がいいでしょう。できたらやはり、マニラ近郊、セブ、鉄道沿いの郊外などの観光とビジネスが両方狙えるエリアが良いです。

もちろん、今回のような事件が起こったのはボラカイ島だけです。そう何度も起きないとは思いますが、政治的リスクを考えると、離島の物件はやめておいた方がいいかもしれません。万が一、観光需要がなくなったとしても、ビジネスの出張での需要がある立地のホテルなら、つぶしが利きます。

## 5−3 「自然災害リスク」はこうして避けよう

フィリピンホテルの立地を考える場合、自然災害リスクも考慮したい条件です。フィリピンでは主に台風に伴う洪水、高潮、火山の3つの自然災害リスクがあると考えています。

例えば、火山に関しては、タガイタイのタール火山があります。タガイタイは、首都圏のマニラから車に乗って1時間で行けるので、日本の軽井沢のような人気の避暑地です。タール火山は、2020年に噴火して漁業などに影響が出て、地域住民以外は立ち入り禁止になりました。現在も、タール火山は定期的に噴火しているので、周辺エリアの物件は避けておいた方が無難かもしれません。

ちなみに、フィリピンでも地震はあります。2022年10月25日、北部のイロコスでマグニチュード6.7の地震がありましたが、日本と比べると地震は少ないです。私はマニラに住んで6年になりますが、震度3以下の揺れが年に1回あるくらいです。地震に関してはむしろ日本の物件の方がリスクが高いので、それほど気にする必要はないと思います。

それよりも、一番気をつける必要があるのは洪水リスクです。フィリピンには雨期があるので、雨はたくさん降ります。台風が来ると、郊外のエリアだとまだ治水の面で整備が進んでいないので、大雨でプールのような水たまりができることがあります。首都圏のマニラやビジネス地区のマカティやBGCなら排水が整備されているので、大雨でも全く問題ありません。

チェックポイントとしては、調べられたら物件の周辺エリアの川に堤防があるとか、業者の方に聞いてハザードマップを入手すると良いでしょう。もし現地に友人がいるなら、購入するエリアが大雨のときは、排水が大丈夫かを聞いてください。ただ、この辺りの情報を入手するのは難しいかもしれません。ただ、最低でも過去に洪水が起こったエリアなのかは調べることができると思います。

あと、高潮についても触れておきます。セブにSMシーサイドシティというエリアがあります。セブ島に新しくできた橋「セブ－コルドバリンク高速道路」の先の開発が進んでいて、カジノや大きいショッピングモールが建設され、ハワイのように綺麗な景観で人気のエリアです。ただ、今このエリアの物件価格が下がりつつあるのですが、その理由が高潮でした。２０２２年に大きな台風が来たときに、想像以上に高波が来てしまい、低層階の住宅が水浸しになったのです。

最近は新しい物件は盛り土して高くしてあるので、高潮でも大丈夫なエリアが多いです。フィリピンは南国なので、オーシャンビューの立地がやはり人気です。ただ、高潮の観点からすると、海沿いの物件はすこし気をつけた方がいいかもしれません。おしゃれなエリアの場合、見落としがちになるポイントだと思います。あと、首都圏のマニラ湾に近すぎる物件なら、海の匂いも確認しておきましょう。風向きによっては、不快な匂いが来ることがあるからです。

以上、フィリピンの自然災害リスクを見てきました。強烈な台風が来ることもありますが、外国人購入可能なホテルは基本鉄骨であり簡単には吹き飛びません。すると特に気にすべき災害は洪水くらいです。過去に何度も洪水が起こっているエリアは、できれば避けた方がいいと思います。

## 5−4 ディベロッパーの数字を鵜呑みにした人の末路

フィリピンのホテルを購入する際、ディベロッパー会社の見極めも忘れてはいけません。販売したら終わりと考えて、購入後のサポートが全くない会社も存在します。

ディベロッパーだけでなく日本人ブローカーも同じなのですが、彼らのビジネスとしては、売った時点で手数料が入ります。そうなると、プレセール物件を売ってしまえば、手数料が入り仕事を終了。お客さんと一緒にホテルが建つまで伴走しようという気持ちがない会社も出てきてしまうのです。売るのがゴールになっている会社は、アフターフォローが全くない場合があるので、要注意です。

そもそも、不動産を購入するときに、想定の賃貸収入や物件価格上昇の予想を説明しない会社からは買ってはいけません。そして、出してきたシミュレーションの数字が本当に現実的に可能かどうかは絶対に見なくてはいけません。これまでの章で紹介しましたが、出てきた想定よりもホテルの稼働率からマイナス10％やマイナス20％になった時でも、利回りが確保できるのかは計算しておきましょう。万が一、想定利回りが出なくても、最低でもこのぐらいの収益は得られると思えると安心できます。

さらに、ディベロッパーが出してきた数字も鵜呑みにしてはいけません。私はあるディベロッパー会社にプレセール物件の第1フェーズの段階で資料を請求したことがあります。その後、物件がある程度売れて価格が上昇した第2フェーズの段階でも同じ資料を再度請求しました。驚くべきことに、第2フェーズの資料を見ると、第1フェーズでは1泊5000ペソで計算していた宿泊費が、さりげなく1泊6000ペソに上がっていたのです。つまり、物件価格が上昇すると想定利回りが下がり販売するのが少し難しくなるため、宿泊費を高く設定することで、想定利回りに下駄をはかせて高く見せたわけです。

この対応は、さすがにおかしいと思います。そもそも、最初の宿泊費はどういう計算で設定したのかも気になりますし、まだホテルが建設前なのにさりげなく宿泊費を上げる根拠がないからです。この辺りは、しっかりとこちらで見破る必要があると思います。

また、想定利回りがプレセールの段階では8~12%だったのに、実際ホテルが建設されて稼働し始めたら利回りが1~2%だったということもあります。これだったら、普通の居住用不動産を買っておいた方がまだ良かったと後悔してしまいます。この点は、事前の立地やディベロッパーの過去の実績を精査しておき、リスクを下げる努力をして対応します。

さらに、よくあるパターンとしては不動産価格が相場より明らかに高い場合も気をつけてください。高く買うと、宿泊費と稼働率が同じであっても、想定利回りが下がってしまうからです。同じプレセールのホテル物件でも、第1フェーズではなく、売り出して1～2年が経過して価格が上がったタイミングで購入すると、当然購入価格が上がってしまうため、想定利回りが低くなります。この点も、周辺エリアの価格相場やニーズを調べておけば、価格が高すぎると判断できると思います。

ここで、紹介した数字の見破り方は少し難しいと感じたかもしれません。いちばん大切なことは、そのディベロッパーが信頼できるかどうかです。言動が一致しているか、見た目が怪しくないかなど、見極める必要があります。財閥や官僚とつながっていることを匂わせる人は要注意です。このあたりの詐欺師の見破り方は、前著『社畜会社員から資産1億つくった僕がフィリピンの株を推すこれだけの理由』（ぱる出版）にも詳しく書いているので、よかったら参考にしてみて下さい。

ディベロッパーの数字がおかしいと感じたら、どんどん質問した方がいいでしょう。その時の対応が誠実かどうかも、ディベロッパーを見極める判断材料になると思います。

## 5－5 ブローカーにお金を持ち逃げされてしまった！

ブローカーから物件代金を代わりに振り込むと言われた場合は、要注意です。購入代金を持ち逃げするときの常とう手段だからです。

最近は物件の購入代金をクレジットカードで支払える場合も増えてきましたが、ひと昔前までは国際送金で支払うのが普通でした。慣れない方だと、海外への国際送金はハードルが高いと感じる人も多いと思います。そこで、よくある詐欺が「僕が代わりに振り込んであげるよ」と日本人ブローカーから言われて、その人の口座に振り込んだら持ち逃げされるというものです。おかしいと気づいた時点では、相手と連絡が取れなくなっているケースです。

詐欺ブローカーは、1000万円の物件を販売して、自分の銀行口座にどんどん資金が入ってきます。4年後に建つホテル物件がたとえ架空であっても、発覚するのは4年後なのでわからない訳です。その間に荒稼ぎして、お金を持って消えれば良いと考えているのです。

対処法としては、ブローカーを通さずに、自分で直接ディベロッパーに国際送金することです。それさえやってもらえたら、持ち逃げ被害は100％防げます。面倒くさがらずに、自分で対応した方が良いと思います。

楽天銀行でも高い為替手数料はかかりますが、国際送金は可能です。持ち逃げリスクを嫌う場合、多少手数料や手間はかかっても、自分で国際送金するのが一番安全です。弊社でも、メトロバンクやＰＮＢという東京や大阪に支店を出しているフィリピンの銀行を紹介することも可能です。いずれにしても、国際送金のやり方はネットでも調べられるので、自分でやることをお勧めします。そして、送金前にはかならず送金先の銀行口座が、契約書に書いてある会社の口座と一致しているかどうかをチェックしてください。

日本人ブローカーが日本人を狙うのが、持ち逃げ詐欺です。本当に許せない行為ですが、詐欺師の手口に乗らないためにも、自分でディベロッパーに直接支払うことが大切です。これ以上、悲しい被害者を増やしたくないので、くれぐれも気をつけてほしいと切に願っています。

## 5－6
# 登記簿の名義人欄に自分の名前が印字されていますか？

不動産登記簿の名義人の名前を書き換えてしまう大胆な詐欺にも要注意です。契約書が英文で書いてあるため、きちんと読まないで被害に遭う日本人もいます。最悪の場合、詐欺師の名義になっていることに気づかずに、お金だけ払って詐欺師の物件を代わりに買う羽目になります。

そうならないために、契約書の流れをおさえておきましょう。まず、最初の書類はリザベーションアグリーメントという予約申込書です。ここに、自分の名前を記入して、ディベロッパーに購入代金を支払う流れになります。

次に、コントラクト・トゥセルという通称ＣＴＳと呼ばれる書類が発行されます。日本語だと売買契約書に相当しますが、ディベロッパーにより時期が大きく変動しますが、目安として物件の予約金支払い時から1年前後に支払うタイミングで書くことになります。ここに、自分の名前が印字されています。

その後、ディードオブアブソリュートセールという公式販売契約書を書くことになります。

物件竣工時に、最後は、サーティフィケイトオブターンオーバーという物件の竣工証明書が発行され、そのあと1年前後かけて登記簿謄本を取得していきます。

ここで注意するポイントは、購入して1年から2年経つのに、まったく契約書にサインを求められなかったら怪しいということです。プレセールで物件を購入し、分割支払いする最中に嫌と言うほど何枚もの契約書にサインする必要があります。そして、その際には必ず各書面に自分の名前が書かれているか、確認してください。誰かから転売で購入した際にも、竣工前ならCTSは買った人の名前に変わっているはずです。英語が苦手な方でも、契約書の文章をＧｏｏｇｌｅ翻訳にコピーして確認すれば、もし名前が違っていた場合は気づけるでしょう。

最近は随分減りましたが、詐欺師の恐ろしい点は、本当は物件代金を支払えない人に対して、最初から物件を奪い取る前提で販売しているケースがあることです。最初から詐欺師の名義になっている契約書に気づかずに、物件価格1000万円のプレセール物件の分割金を支払い続ける日本人のお客様がいるとします。もともとお金がなかったお客様は、最後の残金（仮に700万円）を支払う際に、当然支払えなくなるわけです。詐欺師はお客様の物件の転売先を探すふりをして、結局買い手は見つからないのです。そうしたら、日本人のお客様は物件を諦めるしかありません。詐欺師としては、お客様が前金300万円を支払ってくれた分だけ得をします。つまり、契約書は最初から詐欺師の名前になっているので、何の問題もなく最後は自分で残金700万円を支払って自分の物件にしてしまうのです。本当に恐ろしい事件ですが、頭金の分がまるまる利益として儲かるわけです。

本当に恐ろしい詐欺の手口ですが、最初に契約書に自分の名前が書いてあることを確認すれば、起こりようがありません。くれぐれも、英文であっても自分の名前があることを必ずチェックしてくださいね。

## 5－7 「土地を買いませんか？」は要注意！

フィリピンで土地購入を勧められたら、その話には絶対乗ってはいけません。基本的には外国人はフィリピンで土地を買うことができないからです。

私の周りで土地を買って儲かっている人は確かに存在しています。ただ、フィリピン在住の日本人の方で奥さんがフィリピン人の方くらいです。奥さんの田舎など、土地勘がある場所を購入した場合に限られています。それ以外の場合で、日本人が土地がらみで購入を勧められたら、悲惨な結末が待っているケースが多いです。

まず、外国人がフィリピンで土地を買うためには、フィリピン法人を作る必要があります。よくあるのが、1人500万円ずつ出資してみんなでまとめて大きな土地を買いましょうという話です。ここまでは、100歩譲っても、これからの話が怪しくなります。

例えば、一番悪質なのは、お金を集めるだけ集めたあげく、そのような土地すらないという詐欺です。手の込んだ土地の詐欺の場合、偽造した権利書を出してくるケースもあるので、引っかかってしまう日本人もいます。よくあるのが、「最終的には○○財閥が買い取るからとりあえず500万円出資して下さい」というものや、地下鉄が開通したら、土地価格は10倍から40倍に跳ね上がりますので、買いましょうと煽ります。現地ツアーも開催しますが、「ここは俺の土地だ」と言われても、日本人には分かりません。本当にひどい詐欺パターンです。出資後、その事業者とは連絡不能になり、1銭も返ってこなかったという事件が発生しています。

また次に怖いのが、その法人を作った日本人自体が騙される場合です。フィリピン法人にお金を集めて3億円や10億円の土地を購入しようと持ち掛けます。広大な土地に多額の出資をするということです。この時にネックになってくるのが、アンチ・ダミー法という法律です。フィリピン法人に関しては、業種にもよりますが、基本的には外国人は資本金の40％までしか株を持つことが出来ません。仮に日本人が資本金１０００万円の全額を出資したとしても、保有できる株は40％なので４００万円分が上限になります。残りの６００万円はフィリピン人に保有してもらう必要があります。株をAさんに15％、Bさんに15％、Cさんに15％、Dさんに15％などと分配するわけです。AさんからDさんの４人に根回ししておけば、日本人が最大筆頭株主になれるので、会社の最大支配権を持つことが可能です。ただ、これは名義貸しの違法行為であり、アンチ・ダミー法に引っかかります。

しかし、実際にフィリピン法人に出資者からのお金が集まり、10億円が入ったとすると、Aさんの気が変わる可能性もあります。例えば、「日本人オーナーに物凄いお金が入っているらしい、みんなで協力して会社を乗っ取ろう」と考えたら、AさんからDさんの４人合わせれば株券は合計60％なので２／３の議決権を有し、実現できるのです。その結果、法人を意のままに出来ると考えていた日本人オーナーが追い出されることもあります。これは、フィリピン人がひどいのは、もちろんですが、先に法律を破ってしまったのは日本人オーナーであり、泣き寝入りするしかなくなるケースも起きています。

ただ、いちばん困るのは、そのフィリピン法人に出資した日本人たちです。日本人オーナーと契約を進めていたのに、日本人オーナーが何の発言権もなくなったため、お金が返ってくることはないのです。

いちばん最後のパターンは、フィリピン法人を立てて、株主たちとも良好な関係を築き、無事に土地が買えた後でも起こり得ます。土地は、建物がなければ固定資産税がかかるただの負債です。その時、オーナーがEさん、Fさん、Gさん、Hさんの4人がいたとします。例えば、Eさんは「事業が失敗したので、今すぐ売りたい」と考えています。しかし、Fさんは「今は売るのは嫌だ。もっと高く売れるまで待ちたい」と考えていた場合、問題が起こります。今回は4人でしたが、もっと大きな土地をたくさんの人数で保有していると、いつ売却するのかという出口を自分で決めることができなくなるのです。信頼関係のある人たちならまだしも、多くの場合は赤の他人です。

私は大型出資で一口数百万の案件で、不特定多数に声をかけた土地案件で成功した事例を聞いたことがありません。土地購入の話はトラブルに巻き込まれると思って良いと思います。くれぐれも、話に乗らないでくださいね。

## 5−8 日本人オーナーが運営する物件には投資するな

フィリピン不動産の中でも、フィリピンホテルがベストだとお伝えしてきました。では、「フィリピンのホテルだったら何でもいいのか?」というと、そうではありません。ここに落とし穴が隠されていますので、被害を防ぐために書いておきます。

よくあるのが中小オーナーカンパニーの日本人による事業の失敗・または詐欺です。土地を持っている日本人オーナー自身で上物のホテルを建てるというパターンです。そのホテルに出資することで、ホテルが稼働したら利益を分配するため安定収入がもらえるという触込みです。この場合、土地は本当にその日本人オーナーの法人が所有していれば、一見問題がないように思えます。日本人からすると日本人が経営する会社がやっているし、安心して出資してしまうわけです。

これまで説明してきたプレセール同様、数年後にホテルが建って利益が出ますという投資案件です。ただ、違うのは売上数兆円を超えるようなフィリピンの大手財閥開発企業に対して、1民間企業が行うという点です。結局お金がかかりすぎて建設できなかったり、きちんと運営されずに配当が止まってしまうこともあるでしょう。

例えば、フィリピンのボホール島を舞台にしたアヤカリゾートという詐欺事件があります。日本人からアヤカリゾートという高級ホテルに出資を募り、ホテルが建って稼働したときに収益を分配するというものでした。最高経営責任者であった半田俊宏氏は、多くの日本人から多額のお金を集めました。しかし、住宅・土地利用規制委員会へ未登録だったこと、販売免許も取得していなかったため、2018年4月11日にセブ検察に組織詐欺事件として立件されたのです。販売時のカタログでは、全戸一戸建ての高級ホテルをうたっていましたが、実際に建ったホテルは長屋づくりで狭いものでした。被害者が返金請求しましたが、半田氏ら経営陣は無視して返金しませんでした。

この詐欺事件からもわかるように、「日本人が建設するホテルだから」というだけで安心するのは少し危険な香りがします。アヤカのケースは悪質ですが、他の日系企業が初めてホテルを建設するような業者だった場合、まじめに取り組んだけれども、最終的に事業に失敗し、竣工しないリスクは残ります。国籍関係なく、民間企業が大規模開発することには限界があります。それに対して、財閥系ホテルの購入関連資料では、国の免許を提示しています。そして、必ず、国の証明書がついています。仮に証明書が偽造されていても、役所で確認すれば、本物か偽物かは判断できます。

本章では、フィリピン不動産にまつわる様々な詐欺事例を紹介してきました。これらのエピソードから学べることは、やはり地元の大手企業によるフィリピンホテル投資は手堅いということです。上場している財閥系企業のディベロッパーが運営するため、信頼度が高いと言えます。あとの課題は、ホテル物件のエリア選択と安定稼働さえクリアすれば、手間がかからず高利回りを実現できる手堅い投資先になるのです。

# 第6章

# 日比の架け橋をつくり「幸せリッチ」な人を増やしたい

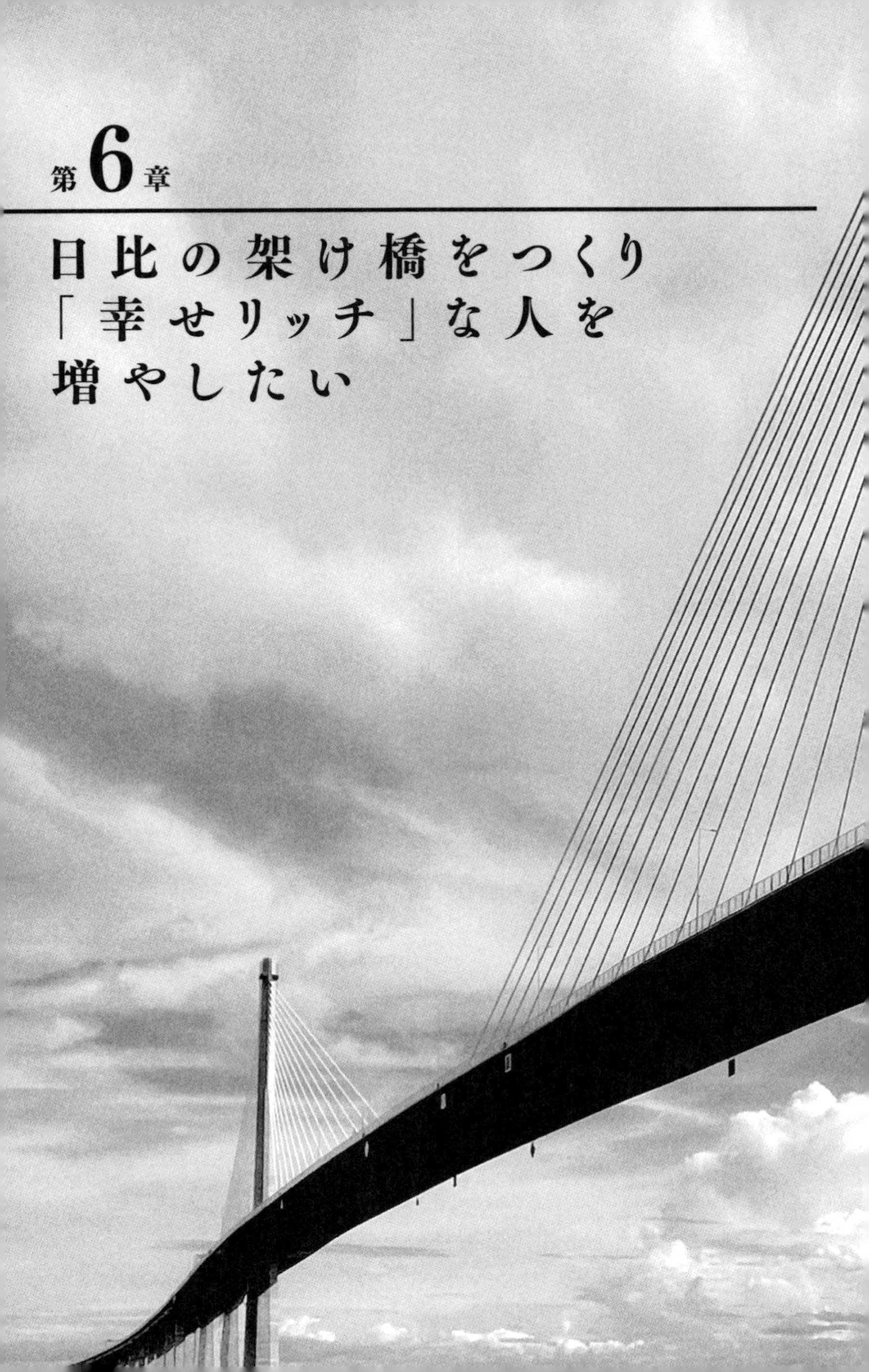

## 6－1 人生が豊かになるために「安定収入」が必要

私は人生で豊かになる為には、一時的に1000万円を儲けるよりも、毎月10万円、20万円と稼げる安定収入の方が大切だと考えています。

例えば、老後のことを想像してみてください。もしあなたの貯金が3000万円あったとしても、定期的な収入がゼロだったら、不安の種は消えないのではないでしょうか。なぜなら、私たちは、自分の寿命を知りません。人生100年時代と言われますが、70歳で亡くなるのか、100歳まで生きるのか、誰にもわからないのです。当然、生きている限りは生活費がかかります。自分の収入が途絶えた時、「貯金がゼロになったらどうしよう」と不安になるのは当然です。その時、お金が気になると、旅行や娯楽なども心の底から楽しめなくなります。

若い方で、家族がいる場合はさらに不安が残ります。私が安定収入の必要性を強く感じる背景は、フィリピン移住の最初の3年間は人生で一番苦しい時を過ごしたからです。私は、社会人2年目で結婚して1児の父となりました。給料は手取り20万円だったので、家族を養うために昇給を目指して死に物狂いで働きました。ところが、営業で大口の案件を取ってきても、昇給昇格するどころか、残業と責任だけが増えていったのです。しかも、同時期に待機児童の問題で、妻が働きに出ることも難しくなりました。

「このままではまずい…」と思った当時の私は、父がよく話していた「一生懸命働いて節約をすれば、豊かになれる」という言葉を信じて行動しました。しかし、どれだけ必死に働いても、増えるのは仕事の責任と残業ばかりで手取りが増えません。追い詰められた私は、いちかばちか、物価の安い国に引っ越せば、生活費を節約できると考え、思い切ってフィリピンに移住したのです。しかし、移住後、ブラック企業だったことが発覚。収入が増えて手残りは増えたものの、社宅は虫の多いド田舎の家で、雨の日にはインターネットが途絶えるようなボロアパートでした。さらに、職場で上司からの強烈なパワハラ被害に遭い、朝から晩まで人格否定される日々で、夫婦共々うつ病手前にまで追い込まれていきました。住居もビザも会社が用意してくれていたので、転職しようにも選択肢がなく、全てを会社に依存しなければならない状況でした。

そんな時、ロバート・キヨサキの『金持ち父さん貧乏父さん』（筑摩書房）を読んだことが転機になりました。この本がきっかけで、フィリピン株投資とフィリピン不動産投資をスタートし、月5万円、月10万円と会社以外の安定収入が得られるようになったのです。私の人生に希望の光が見え始め、投資詐欺等たくさんの挫折も経験しましたが、追い風のマーケットでチャレンジをし続けた結果、1億円の資産を築けました。

本当は、「もっと早くから月10万円の安定収入があったなら、どんなによかっただろうか…」と思うときもあります。もっと自分や家族を大事にできただろうと悔しい気持ちがないと言えば嘘になります。

現在、日本と同様、フィリピンでも物価が上がっています。今後は、物価上昇も踏まえて人生設計をする必要があるでしょう。そしてインフレに強く、経済に左右されずに安定収入が得られる資産を考えると、不動産投資がベストな答えになるのです。

## 6−2 近くて英語が使える投資最適国フィリピン

日本人が投資するのに最適な国はフィリピンだと考えています。その理由は、5つあります。まず、1つ目は人口が1億人を超えていることです。2つ目は、将来的に人口増加が見込めるため、経済成長が期待できることです。そして、3つ目は、為替が安定していることです。4つ目には、英語が通じることで言語面のハードルが低く、ホスピタリティが抜群であることが挙げられます。最後の5つ目は、日本からも距離が近く、実際に現地に足を運びやすいことです。

私は、投資する国の条件として、人口1億人以上は欲しいと考えています。アジア各国、文化や経済成長率も様々ですが、人口が1億人を超える国は、インド、中国、インドネシア、パキスタン、バングラデシュ、日本、フィリピンです。すでに、日本と中国は人口減少が始まっており、インドネシアも人口ボーナスがもう少しで終わりを迎えます。パキスタンは政治に不安が残ります。バングラデシュは、まだまだ一人あたりGDPが低く、少しタイミングが早そうです。

すると、残るはインドかフィリピンの二択になりますが、明らかに異なるのは文化的背景です。インドはカースト制度が根強く残っており、女性の社会進出はまだまだ先です。それに比べてフィリピンの女性は、男性よりもよく働き、社会でも活躍しています。女性の教員数は、男性を上回るほどです。国家公務員にも女性が多く、管理職でも多くの女性が活躍しています。さらに、過去には2人の女性大統領が就任したことがあります。

昔のフィリピンを知っている方は、貧しい国で犯罪が多い国と言うイメージがあるかもしれません。しかし、出稼ぎ労働者による大量の外貨の獲得に成功しているフィリピンは、毎日大量の外貨が売られ自国のフィリピンペソへと両替されており、途上国と思えないほど為替の価値が安定しています。また、非常に人が明るい！　キリスト教の信仰心が強いフィリピンは、ホスピタリティに溢れています。私は、タクシー運転手さんの接客だけで、元気をもらえるほどです。日本人にとっては、東京から飛行機で4時間の近距離にあり、時差1時間で、設備の整ったリゾートホテルに滞在できる国です。実際に現地に足を運んだスクール生からも、「元気がもらえる」「活気があって、勢いを感じる！」「若い人が多いね」とメッセージをもらいます。もし、フィリピン以外の中東などの国に投資した場合、そう簡単に現地へ足を運ぶのは難しくなるでしょう。

フィリピンは、平均年齢が若いため、人口ボーナスを期待できる将来性のある国です。そして、為替も安定しており、英語が通じる事とホスピタリティに溢れる国民性であることは、観光にとっては大きなアドバンテージです。日本からの距離が近く、実際に現地を視察できる場所であり、総合的に考えると日本人にとっての投資最適国だと言えると思います。私は、今後10年でフィリピンはアジアのハブになると予測しています。私個人としても、これからのフィリピンの経済成長は本当に楽しみです。

## 6－3 「安く仕入れて高く売る」は世界共通の勝ちパターン

フィリピンホテル投資で成功するためには、世界共通の勝ちパターンである「安く仕入れて高く売る」というルールを徹底的に守る必要があります。

なぜなら、安く買うことが高い利回りのインカムゲインと価格上昇によるキャピタルゲインにつながります。万が一、価格上昇が起こらなかったとしても、安く買うことでリスクを最小限に抑えることができるのです。

精査せずに物件を買うと、ただ頭を悩ませる負債になるかもしれません。いかに安く買うかが、投資の勝敗の9割を握っています。

大前提として、人口の伸び率や1人あたりＧＤＰの数値を参考にして、経済成長が見込める国の物件を買います。その上で、他にも精査するポイントがあります。

例えば、ブランドだからと言って必ずしも、コスパが良いとは限りません。現在、マニラ湾岸沿いに200平米近いヒルトンブランド「バヤンツリー」のホテルコンドが発売予定ですが、1部屋2億円以上。有名ブランドとはいえ、投資金を回収するには一体どれだけ年数がかかるのか不安です。

逆にブランド力がなくても、立地にはこだわる必要があります。マニラ空港の目の前にある101ホテルは、今でこそ知名度が上がってきましたが当時は無名の3つ星ホテルでした。しかし、空港、大手カジノ、大手ショッピングモール、幹線道路2つの交差点という好立地にできたこのホテルは、コロナ禍の2021年でも稼働率96%を達成！　大手旅行サイト「Expedia」や「トリップアドバイザー」でも数多く表彰されるホテルコンドになりました。

これから経済成長する国で物件購入することが前提ですが、ブランドと立地を精査して、高い利回りの出る物件を安く購入することが王道です。それが最大のリスクヘッジにもなり、世界共通の投資の必勝パターンと言えるでしょう。

## 6－4 現地を見るからこそ〝不動産投資〟は成功できる

やはり不動産投資において、一番多くの物件情報を得る方法は直接現地に行くことです。経済は生き物なので、ただ机上の数字を見るだけでは、わからないことやイメージがつかないこともあります。まさに、投資も「百聞は一見にしかず」だと考えています。

例えば、マニラを訪れた方は何とも言えない熱気を感じるでしょう。これから経済成長するフィリピン独特の前向きなエネルギーが流れており、現地に行けば将来性を感じ取れると思います。

マニラでは、レストランでフィリピン人が食事をする姿、デパートに溢れている人、銀行に並ぶ長蛇の列、このような光景を見た時に、人々の活気を感じます。色々な人が気さくに挨拶をしてくれるからなのか分かりませんが、この国の未来への力強いパワーを感じます。対照的に、日本に帰国して東京を歩くと、元気なく歩いている人が多く、すごく疲弊した雰囲気を私は感じてしまうのです。

フィリピンのホテルを買うと、1年間で数日の宿泊権利が付くので、毎年飛行機代だけで現地に行くことができます。住んでいる私でも、数カ月その場所に行かないと、いつの間にか知らないホテルが立っているぐらいなので、1年ぶりに来たら新しい景観に変わっているはずです。マニラ湾岸はどんどん埋立てをしていて、広大な土地が増えています。渋谷や新宿の再開発の面積の比ではありません。マニラの大規模開発の様子を見ると、フィリピンには将来性しか感じないのです。

ホテルに関しても、Ｇｏｏｇｌｅマップの星の数は少なくても、実際に泊まって、フロントに人が溢れている様子を見ることで、印象が変わります。高級ホテルならまだしも、安い宿に泊まるとフィリピンでは、エアコンが壊れていたり、歯ブラシやシャンプーせっけん等日本では当たり前のアメニティがついていないホテルもあります。前述の１０１ホテルを私が初めて投資したきっかけの一つが、まさにこのアメニティ。無駄のない合理的なビジネスホテル仕様ですが、部屋にはエアコン、大きなテレビ、電子レンジ、そして歯ブラシやシャンプーが備え付けだったこと。細かい気配りかもしれませんが、同じ価格帯のホテルに宿泊する際は１０１ホテルのほうがお客様のニーズが高まると思い投資をした結果、ＢＧＣの物件は購入後わずか1年半で３００万円近く価格上昇しました。

私もスクールでマニラやセブの視察研修も開催していますが、フィリピンの発展に思いを馳せながら、経済成長する姿を実際にその目で確認してもらえると、とても面白いと思います。

現地に来ることで、人気エリアも体感で分かります。また、チェーンのホテルだったら、同じブランドでも立地を変えて泊まってみる、あるいは、同じ立地で別のブランドのホテルに泊まってみるのもいいでしょう。逆に、近くに競合系列がホテルを建てるなら、競合のホテルに泊まるとたくさんの気づきがあると思います。どうせなら、1泊ずつ泊まるホテルを変えて、ボロボロの格安ホテルからラグジュアリーホテルまで、ホテルのクラスを変えて泊まるのも面白いでしょう。

ホテル投資は、実際に泊まって現地を体感できるのが大きなメリットです。ぜひ、楽しみながら実際に泊まってみて体感して下さい。現地訪問で、フィリピンの熱気を感じることで、経済成長が確信に変わるはずです。

## 6－5 ホテル投資がフィリピンで新しい雇用を生む

投資というと、ついコストパフォーマンスの高さだけに注目しがちですが、ホテル投資は「現地の新しい雇用を生み、経済的に豊かにする」という側面もあります。

長年、フィリピンといえば「仕事がない国」と言われてきましたが、最近は状況が変わってきています。コールセンターやアウトソーシング事業、ＩＴ開発など英語力を活かした様々な事業が生まれています。その中でも、やはり根強い産業の一つは、観光です。

フィリピンには7000の島々があり、まだまだ未開発の観光資源が残っています。当然、ホテルが稼働するためには様々な人を雇用する必要があります。例えば、ホテルのフロントやハウスキーパーの従業員、レストランの料理人やウェイター、清掃スタッフ、支配人などの多くの人材が必要です。一軒ホテルが建つということは、その周辺地域に多くの雇用を生むことになるのです。

ホテル投資は社会貢献にもなります。自分が利益を得るのはもちろんですが、現地にも利益を生み出すことで持続的に豊かさをもたらします。雇用が生まれることで、人が根付き、家族が増え、学校や病院などの副次的な施設もできてくるのです。環境美化による封鎖で騒がれたボラカイ島も最初は欧州のダイバーが遊びに行くひっそりとした隠れ家でしたが、今ではシャングリラホテルといった国際ブランドホテルをはじめ、複数のホテルが進出し、多くの雇用が生まれました。観光客だけでなく、そのホテルで働く従業員を対象にした外食産業や娯楽産業、交通網等も発達し、今ではボラカイ島は世界でも有数の一大リゾート地へと発展しています。

極端なことを言うと、誰も投資をしなければ、ホテルも建たないため、何の雇用も生まれません。投資したお金の先には、ホテルの従業員の雇用が生まれ、従業員の給料で暮らす家族の笑顔が生まれます。大型ホテルが建てば、観光客だけでなく、そのホテルの従業員への交通手段や外食産業等、より広い雇用や経済活動に発展します。投資した先に起こることを見通すことで、お互いにハッピーな三方よしのお金の使い方になるはずです。フィリピンホテル投資には、現地の雇用を生み出す社会的意義もあります。

## 6−6 日本とフィリピンの経済的架け橋を作りたい

日本における最も深刻な問題は、この先人口が3分の1にまで減少していくことです。今は隣国フィリピンから、ホテルや介護職としてフィリピンの方が働きに来ていますが、近い将来、日本人がフィリピンに出稼ぎに行く時代がやって来るかもしれません。日本はこのまま行くと、隣国の力を借りないと立ち行かない未来が待っています。

私は、フィリピン移住後にブラック企業で働くなどの様々な苦労をした後、独立起業ができて経済的に豊かになることができました。今度は、私がフィリピンの若者や日本人に還元していく番だと考えています。そして、日本とフィリピンの経済的架け橋を作りたいという想いが年々強くなってきました。私の日比の架け橋構想としては、大きく2つあります。

1つは、日系企業のためのコミュニティの立ち上げです。私は、最年少で在日フィリピン商工会議所の理事に就任させて頂きました。マルコス大統領直下の組織である在日フィリピン商工会議所は、フィリピン大手上場企業や州政府、地方自治体が日本に進出し、経済活動するための支援をしています。錚々たるメンバーが在籍しており、私もその中で諸先輩方から色々と学ばせて頂いています。

私は、フィリピン企業の日本進出サポートも素晴らしい活動だと思いますが、この逆も必要だと考えています。つまり、日本企業がフィリピンに進出する際のサポートができる、情報交換や仲間づくりのハブとなるようなコミュニティを作りたいのです。

なぜなら、日本企業がフィリピン進出の際に、足枷になっているのが同業者による足の引っ張り合いです。誰かが前に立つと、その人の悪口を言ったり、怪しげな投資話を持ちかけてきたり、ビザを取得する法人を作るといっても、なぜか法人が立たず、ビザが取れなかったりということがあります。失敗を恐れる日本企業にとっては、それが疑心暗鬼となり、フィリピン進出に至らないということが往々にしてあります。しかし、そんなことで進出が止まっているのは非常にもったいないです。大人が知恵を絞り合い、助け合えば、最短最速でフィリピン進出が可能になるはずだと考えています。

もう一つの架け橋構想は、貧困世帯への教育支援です。フィリピンは貧富の格差が激しく、教育レベルの差も激しいです。政府の大手官僚や大手財閥に生まれれば、子供はアメリカ留学に行き、というエリートコースに乗れます。しかし、中流階級以下で育った子は、三部制の公立校で学び、まともに算数もできず、英語が話せても、卒業後は誰でもできる仕事に就くしかない現状があります。当然、給料も低く、自分の子どもにもいい教育を受けさせることができません。

このような負のスパイラルを断ち切るために、私が始めたのは金融教育の支援です。まずは、マニラ近郊のナボタス市で、貧困支援としてお金の教育をスタートしました。お金について学ばない若者がギャンブルで生活費を失う、高額のローンを借りて借金まみれになってしまう、そのような問題の根本解決につながるよう、さらに支援の仕組みと規模を大きくしたいと考えています。

ただ、日比関係で残念な事実があります。それは、多くの日本人が日本とフィリピンの歴史をまったく知らないということです。未だに「男性天国」、「ジャパゆきさん（1983年頃に流行した、アジア各国から日本に出稼ぎに来る女性のこと）」、「日本に遊びにおいで、という一家総出で押しかける」、「犯罪行為を行う」、など、フィリピンを下に見るような風潮が残っていることです。

実は、日本とフィリピンの間には歴史的にとても深いつながりがあります。第2次世界大戦直後、日本とフィリピンの間には激しい摩擦がありました。なぜなら、日本がアメリカとの戦争の中で、激しい戦場になったのが正にフィリピンであり、マニラは焦土と化した歴史があるからです。日本とアメリカの戦いにも関わらず、マニラにいた約10万人のフィリピンの民間人が犠牲になりました。マニラには未だに旧日本軍の大砲も残っています。

さらに、当時のフィリピン大統領、キリノ大統領は妻、息子、娘２人の一家４人を日本兵に殺されました。それに対してフィリピン国民は日本への恨みを爆発させ、その後、無罪の日本人がモンテンルパ監獄に入れられ、無惨に殺された歴史もあります。

日本では、歌手の浜松子さんが、モンテンルパの囚人のことを歌にし、ブームが起きました。それがキリノ大統領の耳にも届き、「憎しみの連鎖は断ち切りましょう。私たちフィリピンと日本は隣人であり、過去は変えられない。お互いに良くなっていきましょう」と恩赦したわけです。日本兵に家族を殺された大統領が、日本を許したのです。罪を犯した相手に、権力を使って敵対する方法もあったと思いますし、現在もお互い憎み合う関係だったかもしれません。でも、そうはなりませんでした。私はフィリピンに住む日本人として、温情深く共に未来をつくってくれた先人に、心から感謝の気持ちを覚えます。

また、２０２３年2月、フィリピンのマルコス大統領が岸田総理と面会し、日本は6、０００億円の出資を決めました。首都圏マニラにはＪＩＣＡによってトンネルが掘られました。三菱商事や三井物産、双日等もフィリピンの財閥と組んでいます。私には日本とフィリピンが手を取り合う事業を応援したい気持ちがあります。投資するにも、キリノ大統領のことを知って投資するのとでは、重みが違います。フィリピンの方に、「キリノ大統領ってステキな人だよね」と言ったら、魂を震わせて喜んでくれます。確かに貧富の差があるのは事実です。でも、もう、ストリートチルドレンや男性天国、という偏見で見るのはやめてほしいのです。お互いの本当の歴史を知り、フィリピンの方の懐の深さや、失敗や困難からも負けずに奮起するマインドから、日本人も多くのことを学べると思っています。両国が乗り越えてきた本当の歴史を知りながら、日本とフィリピンの架け橋になりたいというのが私の切なる願いです。

## 6－7　フィリピン株で頭金をつくり、フィリピン不動産を買おう

不動産投資からフィリピンと日本の歴史にまで話が及びましたが、だから、「必ず不動産を買いましょう」「フィリピンに進出しましょう」と言いたいわけではありません。フィリピンのホテル投資は、幸せになるための一つの選択肢です。繰り返しになりますが、十分な

資金を作る前にフィリピン不動産を購入すると、資金繰りが苦しくなってしまうかもしれません。フィリピン不動産投資が資金的に難しければ、フィリピン株からスタートもできます。詳しいフィリピン株の投資術については前著『社畜会社員から資産1億つくった僕がフィリピンの株を推すこれだけの理由』（ぱる出版）に譲りますが、当初、私は、フィリピン株からスタートしました。初めからフィリピン株に目をつけていたわけではなく、実は仕方なくフィリピン株に投資した、というのが本当のところです。今でこそ、多くの方の資産構築のお手伝いをし、ありがたいことに大妻女子大学の大妻マネジメントアカデミーで、金融教育の講師までさせて頂いていますが、ここに至るまでの人生は、決して順風満帆ではありませんでした。

ここからは既に書かせていただいた通り、ブラック企業に就職し、結婚後フィリピンに渡り、なんとか集めた5万円で投資をスタートさせます。

まず手始めにAB証券窓口で口座をつくり、5万円でウィルコンの新規公開株を購入すると、IPO株投資をして半年で2倍になり、資金が10万円にまで増えました。日本のIPOは大型株の当選率は10％以下ですが、フィリピン株のIPOは、当選率50％前後と高いのです。株の成功で勢いがついてきたので、フィリピン不動産にも挑戦。4年後に建設されるホテルの一室（1000万円）をプレセールで、月5万円の積み立てで買いました。なんと、この投資が当たり、ホテル一室の価値が1・3倍になったのです。

この後も紆余曲折はあったのですが、あの時、諦めずに、株を始めて良かったと思います。フィリピン株でお金をつくり、フィリピンホテル投資によって私の人生は変わったことは紛れもない事実です。私は、みなさんの人生を大きく変えてくれるツールが、フィリピンホテル投資だと考えています。ご縁のある方は、ぜひ一緒にチャレンジして資産形成をして頂けたら嬉しいです。

## 6−8 投資家を成功させるから、幸せな〝富の循環〟ができる

これまでの人生で「本当の資産とは何か？」と考えたことはあるでしょうか？　私は「いくらお金を持てたか」よりも、「生きたお金をどうやって使ったか」「幸せな富の循環をつくれたか」の方が大切だと考えています。

なぜなら、天国にお金は持っていけないからです。しかも、どんなに資産を残しても、中

途半端な資産が家族の揉める原因になることもあります。多くの方の資産形成に関わらせて頂いていますが、残った遺産が大切な家族の喧嘩の種になるという悲しい結果に遭遇したこともあります。

問題の本質を考えると、目先の数字ばかり追い求めてしまうことだと思います。投資家はつい目先の目標に走る人が多い傾向があります。しかし、不動産業者も同じように目先の利益を考えて仕事をしている人が多いように感じます。物件を「売ったら終わり」と考えて、アフターフォローをしない業者もいます。まず、考えるべきは「誰のために、何のために、なぜ投資をするのか」という目的の確認でしょう。

その点、フィリピンホテル投資は、リターンでお金も入るし、宿泊がついているので、現地に行って異文化体験ができる。クレジットカードで買えば、マイルで世界一周もできます。単なるマネーゲームではなく、有意義に過ごす家族との時間が得られたら、人生の最期に「いい投資をしたな」「いい冒険をしたな」と思えるのではないでしょうか?

前著では、不動産詐欺のことにも触れました。出版前は、煽るような文句で強引にローンを引かせる不動産業者が多く、頭を悩ませていたのですが、本の効果も多少なりともあったのか、ローンを無理に引かせようとする業者が減ったように思います。やはり、私たちがマネーリテラシーを上げることで、詐欺自体も減ってくると考えています。詐欺を見抜くことができれば、詐欺師もまともな商売を始めるかもしれません。真っ当な人が真っ当に成功することで、幸せな富の循環が起きる世界を創りたいと願っています。

他人の富を奪い合うのではなく、これからは自分の富をシェアする時代です。それは情報や知識のシェアも含んでいます。

私の投資スクールはメンバー同士がとても仲が良いのですが、「セブ島に行って現地のご飯を食べ、現地の人と話し、新しく建つホテルのプールで乾杯しよう」という話が飛び交っています。このようなコミュニテイで情報共有をし、お互いにマネーリテラシーを上げて、仲間をつくり助け合うことができれば、詐欺被害に遭いようもないと思うのです。弊社でもフィリピンのホテルの紹介をしておりますが、利回りの出るホテルを探すのは本当に大変で、調べても出てこない、せっかく見つけても利回りが合わない等々は日常茶飯事であり、誠に申し訳ないですが、よく在庫切れも起こします。ですが、優良なホテルが見つかった際にはまず必ず私自身が購入し、契約の流れや内容に不備がないか確認したうえでご案内させていただいております。口先だけではいくらでもきれいごとを言えるものです。複数ある不動産仲介業者の中で、弊社がどれだけ、「売って終わりではなく、売ってからが始まり」と伝えても、言葉だけでは伝わらない部分もあると思います。そのため、弊社では「私自身、町田健登が自ら購入しない物件は販売しない」というポリシーで運営しております。本当にいい物件なら投資家として、私も欲しくて当然です。お客様の視点に立ち、投資家の目で、一緒に堅実に資産を増やしていければと思います。

詐欺業者のせいで、日本企業が疑心暗鬼になり進出を諦めるのは、本当に悔しいですし、もったいないと感じています。私自身も詐欺被害に遭った過去がありますが、父との約束で再起し、今があります。経営とは、利潤の追求ではなく、縁ある人が幸せになるお手伝いをすることだと私は考えています。この思いに共感した経営者同士が、投資家同士が手を取り合い、同じゴールを迎えたら、日本とフィリピン両国の将来に大きなプラスとなると考えています。

国内不動産のオーナーで、利回りが出なくて苦戦している方も、フィリピンに目を向けてもらえたら、チャンスはたくさんあります。私は、本書が多くの日本人の資産形成と豊かな人生をつくることを期待しています。

フィリピンホテル投資が幸せの富の循環をつくる最初の一歩になってくれたら、これ以上嬉しいことはありません。最後まで本書を読んでいただきありがとうございました。「フィリピンホテル投資で人生が豊かで幸せになりました」と言って下さる読者の方と、実際にフィリピンでお会いできることを心より楽しみにしています。

## あとがき：あまりに多い「不動産詐欺」をなくしたい

本書では、フィリピンホテル投資の魅力について様々な角度から書かせて頂きました。私が本当に伝えたいメッセージは、投資はあくまでも幸せで豊かな人生を送るための手段だということです。投資した結果、心身が不健康になったら元も子もありません。

さらに、投資には日本の中だけで戦わなければいけないというルールもありません。そして、日本よりも安全で希望ある投資先がフィリピンだということもお伝えしてきました。

日本人の中には、「毎日会社で働いているのにお金が貯まらない」「給料が少ないと奥さんに小言を言われる」「物件を買ったけど、毎月赤字が出ている」など、閉塞感の中にいる方も多いです。

本書を出した背景には、偽物と本物を見極める目を養って欲しいという想いがあります。不動産産業界には、経営の目的が利潤の追求だけになっている業者があまりにも多いからです。その業者の社員も家族を養うために、仕方なくやっている部分もあると思います。だからこそ、こちら側が知識をつけていかないと、高い代償を払うことになるのです。つい最近も、私の知人から「一億円の不動産を日系の不動産会社から買ったのに、契約書もなくて、連絡してもＬＩＮＥ既読スルーだった。助けてほしい」という悲惨なＳＯＳが来ました。本当にもう枚挙にいとまがないぐらい事件があります。特に、フィリピンを含む海外は、不動産を売るのに宅建免許が必要ないため、色んなレベルの業者が集まるのです。

ただ、誤解して頂きたくないのは、私は単にそのような業者を叩きたいわけではありません。そのような悪徳業者がいることによって、日本とフィリピンの経済交流にブレーキをかけていることが真の問題だと考えています。つまり、一度フィリピンに進出して詐欺に遭ったから、別の国に進出しようとなってしまうのです。

私自身、あやしい詐欺に引っかかり、１６００万円を失った経験もあります。それこそ、不動産を買えてしまう金額です。「このお金があれば、娘を大学に行かせられたのに…」とショックでした。読者の方には、私と同じような辛い思いはさせたくありません。前職時代、フィリピンにて大手金融ホールディングスの役員だった時にも、不動産を購入したいという新規の問い合わせよりも、「助けてください」というＳＯＳに関する相談が多くありました。「買ったけど建たないで、お金を持ち逃げされました」「買ったけど、その後のローンの話は聞いてなかったです」というものです。

フィリピンという国が悪いわけではなく、出会う人や投資先を間違えただけです。しかし、残念なことに、一度このような経験をしたら、その方は間違いなくフィリピンを嫌いになるでしょう。

実際、フィリピンホテルの見極めをしっかりやってきた結果、価格が2倍になった不動産もあります。私自身は不動産の良いところと悪いところの両面を見させてもらいました。それでも本当の良質な情報を手に入れたら、人生が変わるのが不動産だと確信しています。

私自身、2020年、不動産6件で年間400万円の安定収入があったから、独立という大きな挑戦ができたのも事実です。やっぱり投資前の精査を怠るには、あまりに大きな金額です。逆に、正しく学ぶことができたら本当に人生の意思決定を変えてくれます。

不動産に限らず、世間には射幸心をあおるような様々な怪しい儲け話があります。どうか大切なお金を投資する前に、今一度、考えてほしいです。「どうしてそのお金が必要ですか?」「誰のために何のためにその利益が必要ですか?」「万が一、お金を失ってしまった時、そのお金で何ができましたか?」

お金は非常に大切です。私は中学校2年生の時、父が病に倒れました。「歩けない、話せない、食べることができない」重度の障がい者になった父は暴れるようになり、母は介護で精いっぱい、経済的にも苦しくなっていきました。お金は生きていくために、家族を守るためにどれほど重要か、きれいごとの前に稼ぐ重要性を子供ながらに痛感しました。何よりも苦しかったのは、当時私は、いじめにあっており、学校に友人もおらず、「何のために生きているのか」として自分の価値を見出せなかったことです。

転機となったのは高校生の時。母校が主催するオーストラリアでの海外短期研修がありました。お金がないのはわかっていましたが、学校にも家庭にも居場所のなかった私は母に無理矢理にお願いし、初めて親元を離れて海外へと飛び立ちました。オーストラリアでは、学校の成績とか、日本に友達がいるかどうかとか、家庭環境等一切関係なく、初めて海外の友達ができました。

日本では自分には価値はないかもしれないけれども、海外でなら生きていいのかもしれないと、生きがいを見つけた瞬間でした。海外にあこがれた私はそこから猛烈に勉強し、筑波大学の国際総合学類へ進学します。毎日大好きな英語を勉強し、外国人留学生とふれあい、親元を離れ最高の大学生活を満喫していました。

そんな折、大学4年時に、父が急死しました。恥ずかしながら、父が障がい者になった後、7年間、私は父と一度も口をきいておりませんでした。最後に何を話したかどころか、父がどんな声色だったかもよく覚えていません。自責の念と後悔で就職活動どころではなくなりました。たくさん泣いた後、あることに気づきました。

それは、「父が自分を愛してくれていたのだ」という真実です。実は、私がオーストラリアで友人ができたのは、実は下手なりに、私が英語が話せたからです。なぜ、英語ができたのかというと、父が英語の教員で、小さな時から私に英語を教えてくれていたからでした。父とは7年口をきかなかったけれど、父が見守ってくれていたのだと、失ってから気づきました。

より自責の念に駆られましたが、どれだけ後悔しても過去は変えることができません。変えられるのは自分と未来。この最大の後悔を今後の人生に活かすなら、「父に教わった英語で海外で活躍したい。今はまだ、そこがどこの国かもわからないけど、海外で人の役に立ちたい」と墓前で父に誓い、社会人生活がスタートしました。

どれだけ熱い思いがあっても、本当に世界は不条理です。努力しても報われないことのほうがはるかに多く、誰のために何のために頑張っているのか、見失いそうになることも多々あります。私もフィリピンへ移住してみたものの、ブラック企業でうつ病手手前に追い込まれたり、1600万円の投資詐欺に遭い初めての独立起業は失敗したり、コロナの国境封鎖でマニラに住んでいた家族と1年以上別居を強いられたり、その後の人生も決して順風満帆ではありません。

それでも歯を食いしばり、チャレンジを続けてきたのは、父との約束があるからです。皆さんも現在、お金や人間関係、健康面などさまざまな課題に直面しているかもしれません。でも、どうか覚えておいてください。お金はあとから取り戻すことはできますが、時間は巻き戻りません。皆さんは、いくらお金が必要ですか？　その目標の前に、「誰のために何のために何故そのお金が必要なのでしょう？」

お金は天国まで持っていくことはできません。人はいつか必ず、この世を去ります。その時は、どんな社会的地位だろうがお金を持っていようが、「どう生きたか？」「どこに時間とお金を使ったか？」そこにその人の生きざまが出るように私は思うのです。

本当に紆余曲折の人生でしたが、フィリピンに住んで6年、本当にこの国が私の人生を豊かにしてくれました。その一方で、残念ながらフィリピンの投資でお金を失ったという相談も後を絶ちません。「フィリピン投資において、最初に相談を受けられる企業になりたい」その思いで、２０２０年独立開業後も、投資家として経営者としてひたすら邁進してまいりました。「弊社に契約しなくても構わないので、騙される前にまずは相談して欲しい」という想いで、これまで事業をしてきました。「資産があるならＦＩＲＥしたらいいのではないか?」「資産があるくせに働くのはお前が騙そうとしているのでは?」。金融や不動産業界にいると様々なご意見や批判もいただきます。それでも「フィリピンで投資やビジネスの安全基地を作りたい」との思いがあるから、逆にここまで走ってこられました。

まだまだ私の影響力は微々たるものです。しかし、熱意をもって行動を続けたら、徐々にお客様からご紹介をいただき、「フィリピンとの架け橋になって」と在日フィリピン商工会議所の理事のお仕事をいただきました。現在では、大妻女子大学の大妻マネジメントアカデミーでの講師のお仕事もいただき、父と同じ「教員」として教壇に立たせていただいております。また、たまたま株の塾生さんの中に、教員だった父の当時の教え子の方がいることがわかり、先日、お酒を酌み交わしながら生前の父との思い出を教えていただきました。人生生きていると辛いこと、苦しいことも沢山ありますが、こんな出会いがあるから人生は素晴らしい!! 生きていて本当によかったと思えます。

商工会議所の諸先輩方や大学の先生方、コミュニティの方からお力をお借りしつつ、本当の意味で日本とフィリピンの架け橋になれたら、ようやく亡くなった父に顔向けできると思っています。

そして、これからも私が表に立って良質な情報をどんどん発信することで、フィリピンのイメージが良くなり、日本とフィリピンの国際交流の一助となれたら、何もよりも嬉しく思います。

世界は本当に広いです！　たった一度の人生、皆さんはどのように生きますか？　辛いことと苦しいこともいっぱいあるかもしれませんが、この本が皆様の人生のお役にほんの少しでも役立てましたら、これ以上嬉しいことはありません。日本・フィリピン・または世界のどこかで皆様にお目にかかれることを、心から楽しみにしております。

町田健登

２０２３年８月吉日

# 付録　フィリピン不動産で稼いだ5つの事例

**1◆380万ペソ（900万円）で購入した101マニラホテルが約3年間で500万ペソ（1200万円）に値段上昇！**

コロナ禍でも95％を超える稼働率で回転して、安定した家賃を毎月8万円を得ています。海外の物件を買うと水増し請求があったり、借り手が見つからず家賃収入がゼロになるなどの噂を聞いていたのですが、大手上場企業が客付け・管理している物件を購入。毎月安定した配当を得られるので、非常にいい買い物をしたと感じています。（40代男性、医療関係）

**2◆マニラ近郊の格安物件を購入し、物件価格上昇と年6％の安定利回りを実現！**

首都圏マニラBGCはシンガポールのような風景であり、都心部にホテルが欲しいと思っていました。一方で、都会なので値段も高く、自分には手が出せないと思っていました。ところが近郊を探してみたところ、ＢＧＣに隣接したグアデルーペに小さなブティックホテルを発見。わずか２２０万ペソと少額で購入することができました。今後モノレール等も通る場所で、毎年地価が上昇しており、現在価格は２５０万ペソ。年６％前後の安定した配当を受け取れています。（製造業、40代男性）

## 3◆世界的なホテルグループが運営するホテルを購入、月10万円の安定収入を実現！

首都圏マカティにあるベナビデスホテルを約２０００万円で購入しました。初めての海外不動産購入であり、物件購入後の客付け管理、本当に安定収入を得ることができるのか非常に心配でした。しかし、このホテルは客付け管理をしてくれるのが、世界でも大規模ホテルを運営する「アスコットグループ」。世界基準の客付け管理があるのであればと購入を決断しました。コロナの影響から徐々に戻り、現在月10万円程度の収入を得ることができていま す。洗練されたデザインのホテルで、出張した際にも泊まり、とても満足感がありました。非常にいい買い物をしたと思っています。（50代　建設業　男性）

## 4◆ホテル稼働前から260万円の価格上昇！　稼働してからのインカムゲインが楽しみです

首都圏マニラにあるD2レジデンスを約770万ペソ（1850万円）で購入しました。首都部BGCにありながら、周辺ホテルと比較をしても安価で販売に出ていたのが購入を決意した理由です。現在の価格は120万ペソ価格上昇して890万ペソ（2110万円）。ホテルの稼働はこれからになりますが、既に購入からの4年間で260万円近く上昇益を得ることができました。屋上には周囲を一望できるインフィニティプールがついております。真横にはショッピングモール、ホテル下には地下鉄が走るとあり、今後の価格上昇、インカムを得ることができるのがとても楽しみです。（40代、美容　経営者）

## 5◆転売物件を格安で購入し、既に含み益が250万円超え。

セブ島にあるゴロロドという転売物件を購入しました。資金不足で困っていたのか、途中転売したいオーナーさんから買うことに成功し、市場値よりも100万ペソ近く安い500

万ペソ台で購入することができました。日本が寒い冬の時期には、温かいところで過ごしたいとよくセブ島は訪れていたのですが、この物件は年間10泊無料宿泊ができるので、投資をして配当を得つつもゆっくり自分で宿泊できるというのも魅力で購入しました。セブの中心地に位置し、評価価値もどんどん上がり、いよいよ年末にはホテルが稼働します。これからの配当生活を楽しみにしています。（60代　男性　退職者）

## 【著者】

# 町田健登（まちだ・けんと）

栃木県出身、筑波大学卒業。大手人材企業の駐在員として2014年にフィリピンへ移住。独学でフィリピン不動産・株の勉強を開始し、現地金融・不動産ホールディングスへ転職。31歳時に純資産1億円達成、2020年ライフシフト合同会社を立ち上げ独立を果たす。2023年現在、フィリピン在住7年目のファイナンシャルプランナーとして活躍する傍ら、在日フィリピン商工会議所の理事、大妻女子大学大妻マネジメントアカデミーの講師として職域を広げている。勉強会(有料)の会員数は現在1000名越え。セミナー累計5000人参加。フィリピンのホテルを10室保有、利回り8%で運用する不動産オーナーでもある。2018年にアイアンマンレース完走、2020年にアフリカ最高峰キリマンジャロ山登頂等、冒険家としても活躍している。FP2級、TOEICT915点。著書に、『社畜会社員から資産１億円つくった僕がフィリピンの株を推すこれだけの理由』（ぱる出版／2022）（重版）・『副業時代に手堅く儲ける　フィリピン投資入門』（幻冬舎)がある。

ライフシフト合同会社
050-3580-5159
info@lifeshift-ex.com

ライフシフト合同会社
https://lifeshift-ex.com/

X（旧Twitter）
https://twitter.com/KentoMachida

Facebook
https://www.facebook.com/m.c.kento

YouTube
町田健登の世界ビジネスハント!
https://www.youtube.com/@businesshunting

## 書籍購入特典

①最新情報・特典動画を GET ！
公式 LINE 登録（無料）

https://lifeshift-ex.com/book/realestate/

②ご新規様向け
フィリピン不動産勉強会（無料）

https://lifeshift-ex.com/realestate/

問い合わせ先

ライフシフト合同会社　info@lifeshift-ex.com

# フィリピン不動産投資術
# 月6万円から始められる年利8%のホテル投資のコツ

2023年9月8日　初版第1刷発行

著　者　町　田　健　登
発行者　延　對　寺　哲
発行所　株式会社 ビジネス教育出版社
〒102-0074　東京都千代田区九段南4－7－13
TEL 03(3221)5361(代表)／FAX 03(3222)7878
E-mail ▶ info@bks.co.jp　URL ▶ https://www.bks.co.jp

印刷・製本／ダイヤモンド・グラフィック社
ブックカバーデザイン／飯田理湖　本文デザイン・DTP／ダイヤモンド・グラフィック社
企画協力：潮凪洋介（HEARTLAND. Inc）　編集協力：町田新吾
落丁・乱丁はお取替えします。

ISBN978-4-8283-1026-8